传统杨式太极拳教程

CHUANTONG YANGSHI TAIJIQUAN JIAOCHENG

主　编　宋　斌

副主编　宋丹丹　宋文轩

华南理工大学出版社

SOUTH CHINA UNIVERSITY OF TECHNOLOGY PRESS

·广州·

图书在版编目（CIP）数据

传统杨式太极拳教程 / 宋斌主编. —广州：华南理工大学出版社，2020. 11

ISBN 978-7-5623-6484-9

Ⅰ. ①传… Ⅱ. ①宋… Ⅲ. ①太极拳－套路（武术）－教材 Ⅳ. ① G852. 111. 9

中国版本图书馆 CIP 数据核字（2020）第 176217 号

传统杨式太极拳教程
宋　斌　主编

出 版 人：卢家明
出版发行：华南理工大学出版社
（广州五山华南理工大学 17 号楼，邮编 510640）
http://www.scutpress.com.cn　E-mail: scutc13@scut. edu. cn
营销部电话：020-87113487　87111048（传真）
策划编辑：范亚玲　朱　蓓
责任编辑：朱彩翩
责任校对：孙华键
印 刷 者：佛山家联印刷有限公司
开　　本：787 mm × 1092 mm　1/16　印张：12.25　彩插：4　字数：229 千
版　　次：2020 年 11 月第 1 版　2020 年 11 月第 1 次印刷
定　　价：59. 00 元

本课程被

中国老年大学协会

高校第三年龄大学

高校老年大学工作委员会

评选为“首届精品课程优秀奖”

前排由左至右：段英莲女士、杨振铎先生、胡瑞娣女士
后排由左至右：宋丹丹（宋斌之女）、宋斌、张晓娟女士（宋斌夫人）
前排：宋文轩（宋斌之子）

2009 年，宋斌开设太极拳馆汾阳斌儒堂，杨振铎先生题词“正脉承传”

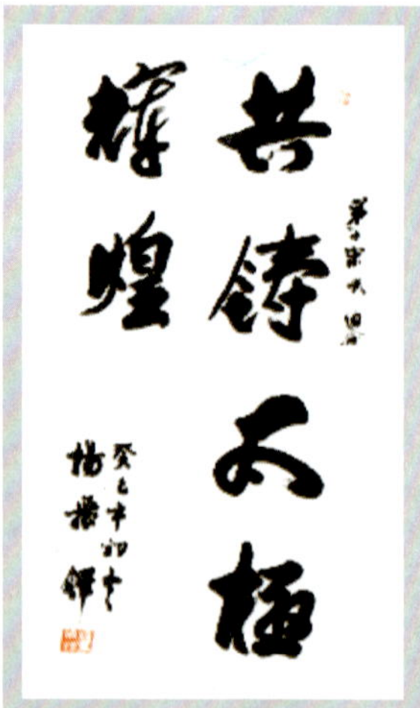

杨振铎先生为宋斌题词“共铸太极辉煌”

从左至右依次为：宋斌、李天才（杨式太极拳第五代传人）、杨振铎（杨式太极拳第四代传人）、高小军（国家体育总局武术运动管理中心原主任）、杨凤楼（山西省体育局原副局长）、杨斌（杨式太极拳第五代传人）

宋斌与吴彬老师（右）

胡瑞娣（杨振铎夫人）、杨振铎、宋斌（由左至右）在美国

宋斌与康戈武老师（右）

杨振铎（左）为宋斌题词

宋斌与陈式太极拳名家陈正雷先生（左）

宋斌与吴式太极拳名家马海龙先生（左）

宋斌与武式太极拳名家吴文翰先生（左）

宋斌与孙式太极拳名家孙永田先生（左）

宋斌与杨振国先生（前排左一）、杨振铎先生（前排右一）

宋斌拜访杨志芳先生（前排右三）

宋斌与徐忆中先生（左）

宋斌陪同马伟焕老师（左）游平遥

宋斌与杨军先生（中）、杨斌先生（左）

宋斌与赵幼斌先生（右）

宋斌与傅清泉先生（右）

宋斌与杨斌先生（右二）、杨礼儒先生（左二）及杨礼儒夫人

从左至右依次为：杨宗杰、马伟焕、张圣麒、宋斌、杨占茹、张磊

宋斌与余功保先生（右）

宋斌与杨宗杰先生（右一）、张磊女士（左一）在河北永年广府古城

宋斌与刘洪奇先生（右）

宋斌与武家水先生（左）

杨振铎先生（左）为宋斌指导动作

杨军（右）与宋斌推手

宋斌与杨振铎先生（前排右五）、杨军先生（前排左三）及各派太极拳名家齐聚美国参加国际第一届太极拳高峰论坛

前 言

中华武术历史悠久、源远流长，太极拳作为其中极具代表性的一种，是以中国传统儒、道哲学中的太极、阴阳辩证理念为核心思想，结合易学的阴阳五行之变化及中医经络学、古代导引术和吐纳术而形成的一种内外兼修、刚柔相济的中国传统拳术。它集颐养性情、强身健体、技击对抗等多种功能于一体。太极拳流派众多，群众基础广泛，逐渐成为中国武术拳种中非常具有生命力的一支。

周恩来总理在1959年会见日本友人时说，太极拳是中国的一种优秀传统文化，内涵十分丰富，充满哲理，与中国传统医学有着血缘关系。太极拳是一项很好的健身运动，可以强身健体，可以防身自卫，也可以陶冶情操，是一种美的享受，可以给人们生活带来无限情趣和幸福，可以延年益寿。

2019年中共中央、国务院印发《"健康中国2030"规划纲要》，系统、全面地阐述了新时代"健康中国"实施战略与行动指南。正是在这样一个契机之下，笔者萌生念头：要整理一本面向各个年龄层次，通俗易懂、简洁明了的杨式太极拳教材，让更多的人可以从中受益，让杨式太极拳为更多人的健康做贡献。

太极拳种类繁多，各具特色。杨式太极拳作为其中的一大流派，由第一代杨露禅及其子杨班侯、杨健侯，其孙杨少侯、杨澄甫祖孙三代人苦心钻研而成。他们在不违背武术本能的基础上，保留了技击与攻防的内容，创编了一套缓慢柔和、式式均匀、劲在内涵、姿势舒展、形象优美的动作，纯朴、独特、新颖而别致。

作为一名专职的太极拳教师，笔者从事杨式太极拳的教学传播工作已有三十余年。杨式太极拳区别于其他流派太极拳的最大特点就是缓慢柔和、式式均匀，下至幼冲之年，上至耄耋老人，皆可习练。在笔者的学员中，九十高龄的耄耋老人仍然可以进行这种缓慢、柔和的练习，享受太极拳带来的益趣。

“闻道有先后，术业有专攻”，在教学传播太极拳的逾三十载里，笔者教授过各行各业、不同年龄段的学员，在经年累月的教学实践中不断总结经验，同时一直坚持学习，坚持与时俱进，不断提升自我，逐步总结出一套化繁为简、老少皆宜的“三位一体”教学方法，即先将每个招式分解为步型步法、身型身法、手型手法三个部分，再将三者整合为一体的教学方法。比如，学习“单鞭”招式时，先把这个招式动作的步型步法示范给大家，讲解清楚，并带领学员们反复演练直至熟练掌握；再进行身型身法的讲解和练习，帮助学员了解动作左右转动的轨迹；最后，进行手型手法的学习和练习。以上三者分别熟练掌握之后，再组合成完整的招式动作反复演练，从量变的积累达到质变的转化。通过这样“三位一体”的分步教学，可以有效地帮助中老年人更好地掌握动作，并且在重复的练习过程中，达到预期的运动锻炼效果。

与此同时，在“三位一体”的教学过程中，当学员熟练掌握招式以后，通过推手中动作劲法的示范，以及在假想的攻防状态下动作的技法展示，让学员对招式有一个比较深入的了解，知道动作的内涵，做到“知其然并知其所以然”，使招式演练更加准确、到位、规范，并且能让人记忆深刻。

本书以杨式太极拳第四代嫡传人杨振铎先生所传授的传统套路为蓝本，结合多媒体网络教学手段，在每一个招式的讲解之后附上对应的二维码，使用手机微信扫码，即可随时随地观看教学视频；图文解说再加以视频辅助，可帮助更多太极拳爱好者科学、准确、高效地习练传统杨式太极拳。

关于太极八法动作的用字，这里作简要的解释，以方便读者对正文的理解。

掤：指手臂向前、向上抬起，承接对方来劲的手法。

捋：指向侧后方化劲的手法。

挤：指用手臂外侧或手背挤向对方的手法，通常会用另一手在内侧助力。

按：指用手掌接触对方并向前或向下推按的手法。

採：指用手採对方的手指、手腕、手肘、肩等关节部位并控制对方的手法。

挒：指扭转对方手腕、手肘、肩等关节部位的手法。

肘：指用肘部击打对方或化解对方攻势的手法。

靠：指用肩部、背部攻击对方的手法。

本书由宋斌担任主编，宋丹丹、宋文轩担任副主编。

由于笔者学识有限，所述难免挂一漏万，今抛砖引玉，请各方家指正。在编写过程中，得到各位老师、挚友、拳友的帮助，在此一并感谢。

宋　斌

2020 年 5 月于广州

目 录

第一篇 杨式太极拳基本功法

一、基本步型、步法

传统杨式太极拳共有五种步型，分别是平行步（开立步）、弓步、虚实步、独立步、仆步。步法则包括每种步型的转换方法，以及五种步型之间相互转换的方法、规律等。

（一）平行步（开立步）

步型要点：

两脚平行，脚尖直向前，两脚之间的距离与肩同宽，两腿自然站立。（图 1）

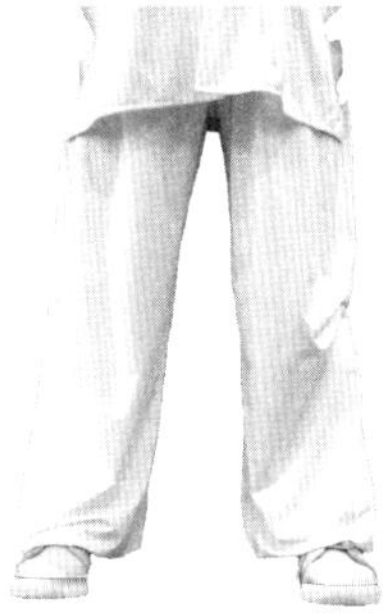

图 1

步法要点：

（1）重心落在两腿中间，踏实涌泉穴。

（2）弓步转平行步，移动重心的时候，注意胯要松、沉，保持敛臀、圆裆，切忌跪膝。

（3）横向移动的过程中，比如左右云手这一招式的步法要注意：两脚始终保持平行直向前；开步的时候两脚之间距离略比肩宽，合步的时候大约与肩同宽；提脚的时候由脚跟到脚掌依次离地，落脚的时候由脚掌到脚跟依次落地；移动的时候注意始终保持松胯屈膝下坐。（图 2）

图 2

（4）两脚之间的横向距离以两脚涌泉穴之间的距离为参照。

（二）弓步

步型要点：

（1）弓步两腿之间的关系为“丁八”，一脚朝向正前方，另一脚朝向斜前方，两脚之间成 45° 左右夹角。（图 3）

（2）两脚之间的左右横向距离与肩同宽（以两脚涌泉穴所在的距离为参照，见图 3 箭头线所标示），前后纵向距离适当（在松腰松胯、屈膝下蹲的情况下，提脚向前跨步时所能达到的距离）。

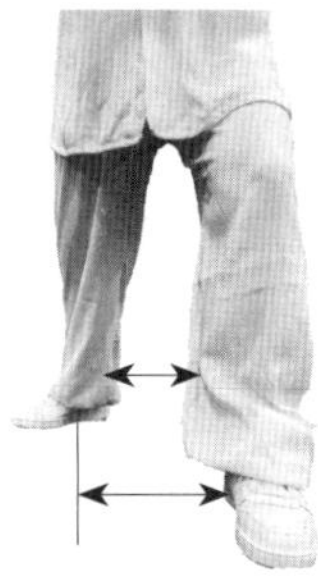

图 3

步法要点：

（1）重心前后移动的过程中注意前后有蹬撑：重心前移，则后腿蹬前腿撑；重心后移，则前腿蹬后腿撑。

（2）向前移动重心的时候膝盖不超过脚底涌泉穴，小腿与地面保持垂直。

（3）膝盖的移动始终沿着脚尖的方向。

（4）弓腿向前的时候，重心的分配为前腿六后腿四；重心在后的时候，重心的分配为前腿四后腿六。（图 4）

图 4

（5）扣脚转动的时候脚掌微离地面即可，不要翘太高，以免腿绷得太直，难以转动。

（6）重心移动、步法转换的过程中不要上下起伏，尽量保持松胯下坐的状态。

（7）由后向前上步时脚跟先落地，脚掌后落地。

（8）弓腿的时候可以先转腰再弓腿，比如搂膝拗步等；也可以边转腰边弓腿，比如单鞭等。

（9）斜方向的弓步：注意尾闾中正。通过前脚的方向、两脚的中心线定尾闾，再弓腿向前。

（10）传统套路中也有不是“丁八”关系的弓步步型，比如野马分鬃，当左脚朝东南方向落脚时，右脚朝正南偏西方向落脚，两脚之间的夹角为 60° ～70°，学习的时候需加以注意。

常见的几种弓步步法：

（1）左弓腿里扣 45° 转右弓腿。（图 5）

图 5

（2）右弓腿里扣 135° 转左弓腿。（图 6）

图 6

（3）左弓腿外摆 45° 转右弓腿。（图 7）

图 7

（4）传统套路中弓步步型动作有 18 个，数量最多，需多加注意。

（三）虚实步

步型要点：

（1）虚实步两腿之间为“丁八”关系，一脚朝向正前方，一脚朝向斜前方，夹角在45°左右。（图8）

（2）两脚落在身体中心线的两侧。

（3）重心在后腿上，按前腿三后腿七分配。

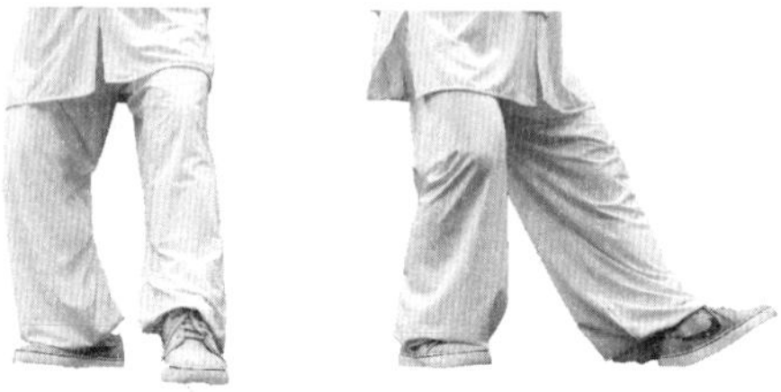

图8

步法要点：

（1）虚步也有蹬撑感，像脚踩气球，不是直接放在地上。

（2）向后撤步的时候脚掌先落地，脚跟后落地。

（3）虚步根据前脚落脚方式的不同，分为以下几种类型：①前脚为脚跟落地，如提手上式、手挥琵琶、肘底捶，这三组动作上身的方向与后脚的方向一致；②前脚为前脚掌落地，即脚底涌泉穴到脚尖的位置落地，如白鹤亮翅、海底针、高探马、上步七星、退步跨虎，这几组动作上身的方向与前脚的方向一致；③前脚为全脚掌落地，如倒撵猴，上身的方向与后脚的方向一致。（图9）

图9

（4）传统套路中，虚实步的动作有9组，习练过程中应加以注意。

（5）特别说明：弓步和虚步都属于丁八步，但两者落脚的距离有所不同，要注意加以区分。

（四）独立步

步型要点：

（1）独立步两腿之间的关系也是“丁八”的关系。当支撑腿朝斜方向站立时，另一腿提膝则应朝向正方向，夹角为45°。（图10）

（2）支撑腿自然站立，不屈膝下蹲，也不宜过于用力挺直。

（3）另一条腿提膝向上，小腿内扣，脚面绷直，注意护裆。

图10

图11

步法要点：

（1）独立步分为提膝、分脚、蹬脚以及摆莲脚。（图11）

（2）分脚时由小腿发力向斜前方略小于45°的方向分出，脚面绷直。

（3）蹬脚时则勾起脚尖，脚跟发力，向正前方蹬出。

（4）分脚和蹬脚的区别在于攻守距离的不同，近则分，远则蹬。

（5）分脚和蹬脚在练习的过程中还要注意，一经分出或蹬出，即可收回，继续保持提膝状态，不宜在空中停留过久。

（6）摆莲脚就是武术中的外摆腿，在腰的带动下，右腿绷直脚面，在身体右斜前方由内向外、由左向右摆一个扇形，到右侧后顺势提膝收回来。

（五）仆步

步型要点：

（1）两腿左右分开，一腿屈膝全蹲，膝部沿着脚尖的方向移动。（图12）

图 12

（2）另一腿伸直平仆，接近地面。

（3）两脚都踩实在地面上，上身保持中正，不低头弯腰，不驼背撅臀。

步法要点：

（1）膝盖沿着脚尖的方向移动。（图 13）

图 13

（2）前脚脚尖自然伸直，不内扣。

（3）上身不向前倾。

二、基本手型、手法

手型共三种，包括掌、勾、拳。

（1）掌

要点：掌微伸、指微曲、指缝稍离、虎口撑圆。（图 14）

图 14

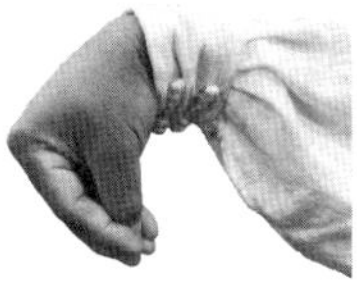

图 15

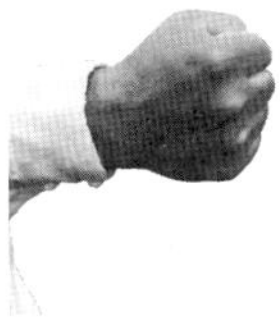

图 16

（2）勾

要点：五个指头依次聚拢，指尖捏在一起，手腕用力。（图 15）

（3）拳

要点：四指依次卷曲，大拇指扣在中指和食指第二个指关节上，保持拳背、拳面是平的。（图 16）

手法根据每个动作的具体要求不同而有差别和变化。

三、基本身型、身法

本书所述的身型身法主要是指除手、脚四肢外的头、眼、颈和胸、腰组成的躯干部位，特别要注意腰在太极拳行拳过程中的基本方法、基本要求和基本要领。

太极拳若想习练得法，核心在腰。王宗岳在《太极拳论》中说到“其根在脚，发于腿，主宰于腰，形于手指”。本书的重要特色就是把包括腰在内的身型的要求和练习方法单列出来，让习拳者更容易入门和找到太极拳的韵味。所以，身型身法的核心在腰，包括平旋腰、立旋腰、混合旋腰三种腰的主要转法和腰带上肢的练习方法（图 17）。

- 平旋腰
- 立旋腰
- 混合旋腰
- 腰带上肢
  - 摆动
    - 同步
    - 惯性
  - 旋转
  - 摆动+旋转

图 17

比如，习练过程中需注意胸腰的方向，我们以眉心—鼻尖—胸口—肚脐所连成的上丹田到下丹田的中心线为参照，向左则为左转，向右则为右转。式与式的衔接过程以及招式的定式皆需注意。传统套路中，有些招式胸腰的方向与头部、前脚的方向一致，有些则不同，具体学练过程中需多加注意。

此外，习练过程中需注意头部也就是面部的方向，包括眼神的方向。传统套路中，大部分动作的头部的方向都与前脚的方向一致，眼神随着头部方向的变化而变化。小部分动作，比如揽雀尾的左掤、左右分脚的转动式、弯弓射虎等几组动作，头部的方向不与前脚的方向一致，需特别注意。在头部中正、找准方向的基础上，眼神也需多加注意，随头部领起来看向前方远处，精气神就出来了。

第二篇

杨式太极拳套路图解

二、套路图解基本术语说明

1. 每一个招式的学习包括整体示范说明、步型步法、身型身法、手型手法以及定势动作解析、推手用法说明、技击攻防要点说明以及注意事项。对于初学者，第一阶段主要进行招式步型步法、身型身法、手型手法的学习和练习，并根据定势动作解析进行自我检查，以及根据注意事项了解每个招式的重点、难点和易错点等。第一阶段的学习内容熟练掌握后，再辅以推手和攻防用法的了解，这样对招式的理解将更为深刻，在演练的过程中也可以体会得更加到位。此外，每一个招式都有相应的图片对照，并可以使用手机微信扫描二维码，观看具体的示范、讲解，以及套路的完整演练。

2. 动作方向的阐述以预备姿势面向南方为基准，后方为北，右侧为西，左侧为东，再加上东南、西南、西北、东北四个方向（图 19）。此外，书中还有诸如“正南偏西”或“正西偏南”的说法，“正南偏西”指的是正南到西南范围内，一般 20°～30° 左右，不超过西南 45°；“正西偏南”则指的是正西到西南的范围内，一般 20°～30° 左右，不超 45°。

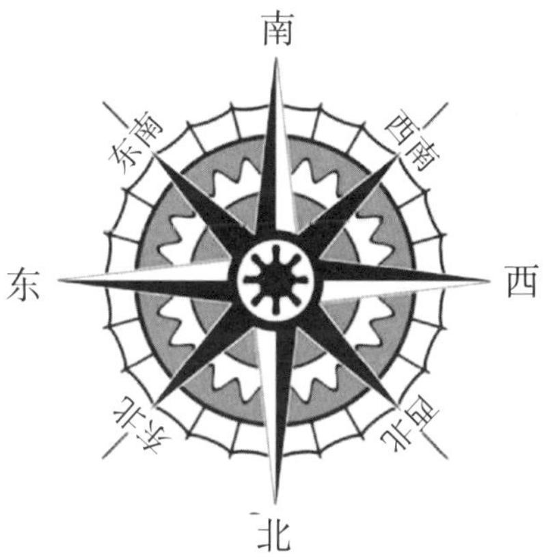

图 19

3. 左脚沿顺时针方向转动为内扣，沿逆时针方向转动为外摆；右脚沿顺时针方向转动为外摆，沿逆时针方向转动为内扣。

4. 以大拇指为参照，向手心的方向旋臂统称为内旋，向手背的方向旋臂统称为外旋。

5. 身型身法中所讲到的中心线是指人的身体正面从眉心到鼻尖、胸口、肚脐所连成的垂直线，帮助习拳者明确身体转动的方向和方位。

6. 步法、手法学习过程中一些特殊的量词定位因人而异，每位习拳者可以根据自身情况进行调节，而非统一标准、统一衡量。

7. 本书的“重心”指的是身体的重心。

8. 大臂指的是上肢肘到肩之间的部位；小臂指的是上肢腕到肘之间的部位。

9. 按照基本功中对身型身法的解释，后文招式详解过程中的身型指胸、腰躯干部位的状态，头型指颈部、头部的状态。

三、杨式太极拳套路图文详解

第一式　预备势

招式详解：

提起左脚向左侧打开，两脚平行开立，与肩同宽。（图 20、图 21）

图 20

图 21

步型步法：

步型为平行开立步。

步法：在并步站立的基础上，提起左脚向正左侧打开，两脚平行，脚尖直向前，横向距离保持与肩同宽；踏实涌泉穴，两腿自然站立，重心落在两腿中间。

身型身法：

1. 头部保持中正，虚领顶劲，目视前方，自然呼吸。

2. 身体中正，含胸拔背，松腰松胯。

手型手法：

1. 保持自然掌型。

2. 两臂自然垂放于身体两侧，肘尖微微外撑，空出胳肢窝。

定势动作：

1. 两脚平行开立，与肩同宽，两腿自然站立。

2. 头部中正，虚领顶劲，含胸拔背，松腰松胯。

3. 两臂自然垂放于身体两侧，肘尖向外撑，空出胳肢窝。

要点：

1. 起脚时脚跟→脚掌依次提起，落脚时脚掌→脚跟依次落下。

2. 两脚左右横向距离与肩同宽。

3. 结合要领，检查头部是否虚领顶劲，是否含胸拔背、松腰松胯，是否沉肩坠肘。这些要点必须贯穿套路演练始终。

第二式　起势

接第一式。

视频链接：请使用手机微信扫描二维码，观看该动作的示范讲解视频。（图 22）

图 22

招式详解：

1. 内旋两臂，向前向上徐徐提拉，与肩宽，与肩平。（图 23、图 24）

图 23

图 24

2. 沉肩、坠肘、微微坐腕，由上向下按至两胯前。（图 25、图 26）

图 25

图 26

步型步法：

保持开立步的姿势，两腿自然站立。

身型身法：

1. 头部保持中正，虚领顶劲，目视前方，自然呼吸。

2. 含胸拔背，松腰松胯。

手型手法：

1. 两臂同时内旋，使手背朝前。

2. 向前、向上徐徐提拉，两臂保持与肩同宽，提拉至与肩同高的地方。

3. 依次沉肩、坠肘、微微坐腕，先向下再向后，按至两胯前，微微坐腕，掌心向下，指尖朝前。

定势动作：

1. 开立步自然站立。

2. 上身、头部保持中正，朝向正前。

3. 两掌按在两胯前，掌心向下，指尖向前。

推手应用：

1. 对方双推按的时候，“我”顺势双臂接对方，向后掤化，再顺势前推。

2. 对方继续双手推按，“我”顺势向下採按。

技击攻防：

1. 假设对方双拳前击，“我”用两臂接对方双拳，顺势化解后，双手向前推按。

2. 对方按过来，“我”两臂接，向下採按，用挒劲。

要点：

1．向上提拉的时候先向前，再向上；向下采按的时候先向下，再往回。

2．两臂向上提拉或向下采按时，既不可以过于僵硬，直直地上下，也不宜过于软塌松弛。

3．两臂直中就曲、曲中含直，将展未展。这个要点应贯穿练拳始终。

第三式　揽雀尾

接第二式。

视频链接：请使用手机微信扫描二维码，观看该动作的示范讲解视频。（图 27）

图 27

左　掤

招式详解：

1．重心略向左，腰带右脚开。（图 28）

图 28

图 29

图 30

2．重心右移，环起两臂，提起左脚向前跨，脚跟、脚掌依次落。（图 29、图 30）

3．弓腿转腰，两臂上下拉开。（图 31）

图 31

步型步法：

1．重心略向左移，腰右转带右脚外摆 45° 至西南方向，松腰坐胯。

2．重心右移，提起左脚向正南方向（正前方）跨步，脚跟、脚掌依次落地。

3．向前蹬撑弓腿。

身型身法：

1．腰由正南方（正前方）向右转 45° 至西南方向。

2．提腿跨步的时候再转回正前方。

3．弓腿的同时，再向右转腰。

4．头部随身法转动。

手型手法：

1．右臂由后往前、由下向上环起，左臂同时外旋向右掤在腹部前方，两手掌心侧相对。

2．弓腿的同时上下拉开两臂，右手向下採按至右胯前，左手向上掤至胸前。

定势动作：

1．左弓腿向正南。

2．上身向西南方向，眼看左手的方向。

3．左臂在左肩前，与胸同高，掌心侧向上；右手按在右胯前。

推手内涵：

开合手的时候，对方双手按过来，腰先向左转再向右转，右手顺势化解对方左臂，左手掤于对方左臂大臂下方，脚底蹬撑，腰左转，即可做左掤。

技击攻防：

假设对方用右拳向“我”击来，“我”提起左臂，用掤劲将对方手臂架起，隔开对方的拳。继续以腰带臂外旋，顺势握住对方手臂，向下採按化掉对方的力。

要点：

1．向前上步的时候，脚跟、脚掌依次落地，踏实涌泉穴后，再弓腿蹬撑。

2．左弓腿向前的时候膝盖沿着脚尖的方向直向前，切忌随腰内摆，避免出现跪膝、扭膝的现象。

3．弓步的时候注意松胯，切忌顶胯、突出臀部。

4．左掤时上身保持中正，不向前倾。这一点尤其要注意，习练的过程中可以多对照镜子进行自我检查。

右　掤

接左掤。

招式详解：

1．重心右移，腰右转带左脚里扣 45° 。（图 32）

图 32

图 33

图 34

2．重心左移，两臂同时旋臂合于左侧，提起右脚向正前方跨步。（图 33、图 34）

3．弓腿蹬撑的同时，两臂上下拉开。（图 35）

图 35

步型步法：

1．重心右移，腰右转带左脚里扣 45° 。

2．重心左移，提起右脚向右侧正前方（正西方向）跨步，弓腿蹬撑。

身型身法：

腰由西南方向向右转 45° 至正西方向，再向左转回西南方向（左斜前方），弓腿的时候由后向前。

手型手法：

1．腰左转的同时，左臂内旋、右臂外旋，两臂合于左侧，掌心侧相对。

2．弓腿的时候两臂上下拉开，右臂上掤至胸前，左臂下采至右小臂肘腕中心线下方一拳距离处。

定势动作：

1．右弓腿向正西。

2．上身朝向西南方向，头部朝向正西的方向。

3. 右臂掤（在太极拳里念作“péng”）在右胸前，上下肘膝相对，左掌按在右小臂肘腕中心线下方，左手指尖与右小臂间隔一拳的距离。

推手内涵：

1. 右弓步站立，做平圆四正手，腰左转，左手撑圆，滚动抓采对方右手，右手顺势上掤，脚蹬撑，腰右转，做右掤。

2. 逆时针四正手，转平圆，对方推按过来的时候，重心不后移，右臂平屈，左手在右手手腕下面抓拿，继续向左转腰，做右掤。

3. 分臂缠绕的时候，肘接对方，左上右下，做右掤。

4. 四正手逆时针，转分臂缠绕，肘接对方，左手锁住对方右手，做右掤。

技击攻防：

假设对方以左掌向“我”击来，提右腿上步，以右臂接对方左臂左肘处，并以左手掌心侧向外控制对方手腕向下採按，右手同时上掤。两手一上一下撅对方左臂。

要点：

1. 右掤的上身偏左斜前方（西南方向），头部朝向正前方。

2. 右手掤于胸前，手腕略高于肘。

3. 右掤的时候左手位于右小臂肘腕中心线下方一拳距离处。注意坐腕，肘向下坠。

4. 衔接转换步法的时候，注意先移动重心，再进行转换，避免硬转硬拧，同时也要注意幅度不宜过大。

5. 弓步重心前后变换的时候，两腿均不宜过于硬挺，始终保持将展未展，体会两腿前后的蹬撑感。

捋

接右掤。

招式详解：

腰右转带两臂同时旋臂到西北方向（右斜前方）。重心左移，腰左转，由右向左捋至西南方向（左斜前方）。（图 36、图 37）

图 36

图 37

步型步法：

1．腰右转的时候，重心保持不动。

2．腰左转，重心后移至左腿。

身型身法：

由西南方（左斜前方）向右转 90° 至西北方向（右斜前方），再向左转 90° 转回西南方向（左斜前方）。

手型手法：

1．腰转的同时带动两臂旋臂，右臂内旋使掌心向外，左臂外旋使掌心向里，旋至斜右侧（西北方向），左手指尖指向右小臂肘腕中心线。

2．重心左移，腰左转，两臂保持捋状平移至左侧（西南方向）。

定势动作：

1．正西方向的右弓腿，重心在后。

2．上身、头部的方向在西南方向。

3．左臂掤在胸前，上下肘膝相对，右手按掌，左手指尖指向右小臂肘腕中心线。

推手内涵：

1．四正手逆时针，"我"挤在最前的时候，左手旋臂抓拿，右手架抬，顺势下捋，反方向亦然。

2．分臂缠绕的时候，对方按过来，"我"左手掤，右手捋，类似挒劲。

技击攻防：

接前式，对方在"我"要撅臂之前，先坠肘化解，"我"立即由左向右转身，右臂外旋，搭在对方肘臂上部，由右向左向下压，握住对方左手向上提，上下对拉。

要点：

1．两臂旋臂翻掌的时候注意以腰带动，并且是边转腰边旋转两臂，不宜各自行动。

2．转换的过程中，胳肢窝始终空出大约一拳的距离，两臂离开上身，不宜贴近、夹紧。这样动作更显舒展、浑厚。

3．重心由前向后的时候注意左腿应沿着膝盖的方向移动，做到松腰松胯，保持圆裆。

挤

接捋。

招式详解：

腰微微右转，旋两臂，左掌心搭在右小臂上，弓腿的同时向前挤按。（图38、图39）

图 38

图 39

步型步法：

保持右弓腿，重心由后向前蹬撑。

身型身法：

腰微微右转，弓腿的同时向前。

手型手法：

腰带两臂旋，右臂外旋，左臂内旋，左掌掌心搭在右手小臂上（间隔手腕一拳的距离），向前挤按。

定势动作：

1．右弓腿向正西。

2．上身朝向西南方向，眼看向正西的方向。

3. 右手掤在胸前，上下肘膝相对，左掌心搭在右小臂上。

推手内涵：

1. 在捋的基础上，做出挤。捋挤式，没有捋就没有挤。

2. 由外向内捋回来，搭左手，重心前移，挤出去；反方向亦然。

技击攻防：

接前式，对方在“我”撅之前，向后抽身撤手，“我”顺势旋右臂，掌心向内，用左手搭在对方右手手腕，掌心向外，向前挤出。

要点：

1. 挤的时候右手臂的位置与右掤一致。

2. 肩部不宜耸起。

3. 左掌用手掌心搭在右手小臂上，注意实实地搭住，不是虚摆。

4. 左臂肘尖下坠。

5. 上身略向前倾，以免拦腰断劲，但是不宜向前倾太多。

按

接挤。

招式详解：

转正腰，分开两臂，掌心朝下。重心后移，屈两臂，收两掌。弓腿的同时，向前推出两掌。（图 40、图 41、图 42）

图 40

图 41

图 42

步型步法：

保持右弓腿的基础上，重心由前向后，再由后向前蹬撑移动。

身型身法：

转正腰，随重心前后移动。

手型手法：

1．随腰分开两臂，掌心向下。

2．屈两臂，收回两掌坐于胸前，掌心侧向前。

3．弓腿的同时向前推出。

定势动作：

1．右弓腿向正西。

2．上身、头部朝向正西的方向。

3．两手掌心向前推出。

推手内涵：

1．对方双手推按过来的时候，“我”双臂接，顺势向上提，向两侧旋臂化推后，再向前推按对方胸部，做按式。

2．对方按过来，“我”双手拱架掤化，向前推按。

3．直接提起来按对方招式。

技击攻防：

接前式，在“我”向前挤按之前，若对方坠肘摆脱，“我”则顺势以左手掌心向外搭在对方手腕，右手同时也以掌心搭在对方肘部，然后向前推按。

假设对方击拳，“我”先屈臂收掌往回引，再顺势向前推按。

要点：

1．两臂屈肘收至胸前的时候，两掌侧向前，注意肘尖外撑，空出胳肢窝；同时保持含胸拔背，上身不宜后仰，前脚不宜提起脚尖。

2．向前推按的时候，两臂似环一弧，不宜直来直去过于僵硬，也不宜环弧过大。

3．体会重心前后的蹬撑，以及腰的前后变化。

第四式　单鞭

接第三式。

视频链接：请使用手机微信扫描二维码，观看该动作的示范讲解视频。（图 43）

图 43

招式详解：

1．重心后移，两臂放平，腰左转带右脚里扣 135°，左臂引、右臂随，上身转到左后侧。（图 44、图 45）

图 44

图 45

2．重心右移，腰右转，摆正左脚，右臂引、左臂随，上身转回右斜前方，右手做勾手，左手旋臂变掤。（图 46、图 47）

图 46

图 47

3．提起左脚向左侧正前方跨步，弓腿转腰，旋臂击掌。（图 48、图 49）

图 48

图 49

步型步法：

1．重心左移，腰带右脚里扣 135°。

2．重心右移，左脚以前脚掌为轴转正。

3．提起左脚向正东方向（左侧正前方）跨步，脚跟、脚掌依次落地，向前弓腿蹬撑。

身型身法：

从正西的方向沿逆时针转向东南方向，再向右转至正南，弓腿的同时向左转至东南方向。

手型手法：

1．放平两臂，随腰由右向左，左臂引、右臂随，由正西方向转到正东偏北方向。

2．再随腰右转，右臂引、左臂随，转到正南偏西方向。

3．右手五个指头聚拢在一起做勾吊手，左手外旋变掤，弓腿的同时左臂内旋前击。

定势动作：

1．左弓腿向正东。

2．上身朝向东南方向，眼看向正东方向。

3．左手在左肩前，向正东击掌，右手勾吊手在右胯正上方（正南偏西方向），略比肩高。

推手内涵：

右手勾手勾拿对方，左手推掌，前后对拉。推手的过程中，可换成挒劲。

技击攻防：

1．假设对方左拳打过来，“我”双手採按，捋对方。

2．在捋的基础上，右手勾手以鞭劲击打对方。

3．假设对方右拳击打过来，“我”左手掤击打对方。

4．假设对方左拳击打过来，“我”右手勾手化打，左掌向前击打对方，前后对拉。

5．假设对方抓住右手，“我”顺势借力勾手反关节控制对方，也可左手托对方右手肘部，反关节击打对方。

要点：

1．两臂随腰摆动，左右平环，由右向左则左引右随，由左向右则右引左随，不宜直来直去过于僵硬，需形成弧形。

2．转体 180°（由正西向正东）的时候，注意右脚扣足 135°，左脚向左侧打开的时候找准与肩同宽的位置，转动的过程中保持松腰、松胯，不宜顶胯、突出臀部。

3．上身保持中正，不向前倾。

4．做勾吊手的时候注意五个指头聚拢在一起，手腕用力，向下垂吊。

5．右手勾吊手在右胯的正上方，不要超过中心线，以免影响含胸拔背的身型。

6．做定势动作时，上身向右斜的角度大于 45°，保持两臂的平衡、自如。

7．头部、眼神随身法改变而改变，不宜紧紧盯着手。

8．重心由左向右的时候，左脚以前脚掌为轴，拧转至东南方向，保证顺畅。

第五式　提手上势

接第四式。

视频链接：请使用手机微信扫描二维码，观看该动作的示范讲解视频。（图 50）

图 50

招式详解：

1．重心后移，腰带左脚里扣 45°。（图 51）

2．重心左移，松勾手，屈两臂，提起右脚向正前方迈出，脚跟着地。（图 52）

图 51

图 52

图 53

3．腰左转，两臂合。（图 53）

步型步法：

1. 重心右移，腰右转带左脚里扣 45°。

2. 重心左移，提起右脚落在正前方两脚中心线的右侧，脚跟着地，呈虚实步。

身型身法：

上身从东南方向先向右转至正南，提腿迈步的同时再向左转回东南方向。

手型手法：

1. 右手松勾手，两臂里屈。

2. 右臂随腰前击，左臂向右合，左手指尖指向右小臂肘腕中心线。

定势动作：

1. 右虚步向正南，重心在左腿，前脚朝正南方向以脚跟着地。

2. 上身朝向左斜前方（东南方），头部朝向正南方向。

3. 右臂在右肩前，掌心向左，左臂合在右臂内侧，指尖指向右小臂肘腕中心线。

推手内涵：

1. 四正手或平圆推手的时候，通过掤劲进行转化接引。

2. 四正手的时候，类似于捋的动作。

技击攻防：

假设对方左拳击来，“我”右手推按对方大臂，左手推按对方小臂，右往左左往右，两臂左右合力。反之亦可练习。

要点：

1. 虚实步的重心落在后脚上，前脚以脚跟着地。

2. 上身朝向左斜前方，头部朝向正前方。

3. 左臂向右合的时候注意撑出肘尖，空出胳肢窝。

4. 两臂相合注意以腰带动。

第六式　白鹤亮翅

接第五式。

视频链接：请使用手机微信扫描二维码，观看该动作的示范讲解视频。（图 54）

图 54

招式详解：

1．环臂倒手合，提起右脚原地摆扣 45°。（图 55、图 56）

图 55

图 56

2．重心右移，提起左脚，向正前方迈出，前脚掌着地的同时，右臂上架，左臂收至左胯旁。（图 57、图 58）

图 57

图 58

步型步法：

1．提起右脚原地摆扣 45°，脚尖向东南方向。

2．重心右移，提起左脚向正东、中心线的左侧跨，前脚掌落地，呈虚实步。

身型身法：

由东南方向左转至正东方向，上身、头部均朝向正东。

手型手法：

1．两臂旋臂环臂倒手合。

2．右臂由下向上旋臂上架至额头斜前方成上掤手，左臂向下采按至左胯旁。

定势动作：

1．左虚步向正东，左脚为前脚掌着地。

2．上身、头部朝向正前方。

3．右手在额头斜前方，掌心向前；左手在左胯旁，掌心向下，指尖向前。

推手内涵：

1．对方按过来的时候，“我”右手上左手下分开对方。

2．双手掤对方，上下拉开。

3．左手採按，右手上架，做挒劲。

技击攻防：

1．假设对方右拳击打过来，“我”肘接，肩靠，再上右步。

2．假设对方双手推按过来，“我”两臂上下拉开，脚底可踹可踢。

要点：

1．该式为左虚步，定势时左脚前脚掌着地，不宜虚点，也不宜支撑重心，上身、头部均与前脚的方向一致。

2．上身略前倾，不宜挺直，不宜挺胸或突出臀部。

3．右手在额头斜前方，掌心向前，不宜向上翻转。

4．由提手上式衔接的时候注意右脚提起来做原地摆扣。

第七式　左搂膝拗步

接第六式。

视频链接：请使用手机微信扫描二维码，观看该动作的示范讲解视频。（图 59）

图 59

招式详解：

1．腰右转带右臂由上往下旋臂变掤，左臂由下向上提拉至左肩前。（图 60、图 61）

图 60

图 61

2. 腰继续右转，向右后侧环右臂坐掌，拦左臂。

3. 提起左脚向左侧跨步。（图 62、图 63）

图 62

图 63

4. 转腰屈右臂，搂左臂。

5. 弓腿的同时击出右掌，收回左掌。（图 64、图 65）

图 64

图 65

步型步法：

提起左脚向左斜前方跨步，脚尖朝向正前方，弓腿蹬撑。

身型身法：

从正东先向斜右侧东南方向转腰，再转回正东方向。

手型手法：

1. 右臂由上向下旋臂变掤，左臂向上提拉。
2. 随腰向右后侧（西南方向）环右臂坐掌，左臂环上弧拦掌。
3. 右臂里屈，左臂搂开。
4. 右臂前击，左臂收至左膝旁。

定势动作：

1. 左弓腿向正东。

2. 上身、头部朝向正东方向。

3. 右臂向正前方击掌，左臂按在左膝旁。

推手内涵：

1. 四正手的时候，分阴阳，一前一后即为搂膝拗步。

2. 分臂缠绕开合手，左右错开节奏，即为搂膝拗步。还可加步型的变换。

技击攻防：

1. 右手环弧，向上将对方拔起。

2. 用腿将对方卡住，通过转腰搂臂破对方下盘，再出掌击打对方。对方右腿在前则用左腿卡在外侧，左腿在前则用右腿卡在外侧。

要点：

1. 右手向右后侧环臂坐掌的时候，切忌超过 45°，时刻保持含胸拔背。

2. 注意环臂坐掌的时候掌心向外。

3. 向右后侧环臂坐掌的时候，头部随向右转，眼看右手的方向。

4. 先提腿跨步，脚跟、脚掌依次落地，踏实后，再向左转腰、弓腿蹬撑，腰带上肢向前击掌。

第八式　手挥琵琶

接第七式。

视频链接：请使用手机微信扫描二维码，观看该动作的示范讲解视频。（图 66）

图 66

招式详解：

1. 重心前移，右脚向前垫半步。（图 67）

2. 重心后移，腰右转带右臂由前向后，再向下採按，左臂同时由下向上提拉。（图 68）

3. 两臂上下合，左脚原地变脚跟着地。（图 69）

图 67

图 68

图 69

步型步法：

1. 重心前移，提起右脚向前、向左收半步。

2. 重心后移，提起左脚原地变脚跟着地，呈虚实步。

身型身法：

由正东方向微微向左斜前方（正东偏北）转腰，再随重心向右斜前方（东南方向）转腰。

手型手法：

1. 右臂随腰微微外旋，再由前向后、向下採按，左臂同时由下向上提拉。

2. 两臂上下合。

定势动作：

1. 左虚步向正东，前脚为脚跟着地。

2. 上身朝向右斜前方（东南方向），头部朝向正东。

3. 左臂在左肩前，掌心向右；右手合在左臂内侧，指尖指向左小臂肘腕中心线。

推手内涵：

搭手，右手旋拿，左手上挑，做挒劲。

技击攻防：

1. 假设对方左拳击来，用右手掤接对方左拳，左臂顺势挒对方。

2. 假设对方抓“我”右手，“我”顺势转握对方手臂，左臂挒对方；反之亦然。

要点：

1. 该式定势动作前脚为脚跟着地，上身朝向右斜前方（东南方向）。

2. 上身略前倾，保持含胸拔背，不宜挺直。

3. 两臂起合应在腰的带动之下，不宜耸肩、不宜悬肘。

4. 手挥琵琶的定势动作中，左手的虎口斜向上，要跟后面的肘底捶区分开来。

5. 手挥琵琶定势与提手上势类似一左一右的镜面动作，但是劲法不同，提手上势是左右合力，手挥琵琶则是上下合力，注意加以区分。

第九式　左搂膝拗步

接第八式。

招式详解：

1. 腰右转带右臂外旋变掤，向右后侧环臂坐掌，左臂环上弧拦掌。
2. 提起左脚向左侧跨步。
3. 转腰屈右臂，搂开左臂。
4. 弓腿的同时击出右掌，收回左掌。

步型步法：

提起左脚向左斜前方跨步，脚尖向前，弓腿蹬撑。

身型身法：

由东南方向继续向右转腰，再转回正东方向（正前）。

手型手法：

1. 右臂外旋变掤，向右后侧环臂坐掌，左臂向上环弧拦掌。
2. 右臂里屈，左臂搂开。
3. 右臂前击，左臂收至左膝旁。

要点：

1. 该式的衔接与第七式较为一致，由于前式手的位置有所不同，注意加以区分。

2. 在手挥琵琶的基础上，右手直接外旋，再随腰向右后侧环臂坐掌即可；左手直接向上环弧拦掌。

定势动作、推手内涵、技击攻防与第七式左搂膝拗步一致。（图 70）

图 70

第十式　右搂膝拗步

接第九式。

招式详解：

1．重心略向后，腰带左脚开，掤起左臂。（图 71）

2．重心前移，环左臂坐掌，右臂环上弧拦掌。（图 72）

图 71

图 72

3．提起右脚向正前跨步，转腰屈左臂，搂开右臂。（图 73、图 74）

4．弓腿击左掌，收右掌。（图 75）

图 73

图 74

图 75

步型步法：

1．重心略向后，腰带左脚外摆 45°。

2．重心前移，提起右脚向正前方上步，脚跟、脚掌依次落地。

3．弓腿蹬撑。

身型身法：

由正东方向先向东北方向转，再向右转回正东方向，头部随身法转动。

手型手法：

1．随腰掤起左臂，向左后侧（西北方向）环左臂坐掌，右臂环上弧拦掌。

2．左臂里屈，右臂搂开。

3．向前击出左掌，收回右掌至右膝旁，掌心向下，指尖向前。

定势动作：

1．右弓腿向正东。

2. 上身、头部朝向正东方向。

3. 左臂向正前方击掌，右臂按在右膝旁。

要点：

1. 开脚掤臂的时候，左手指尖指向右小臂肘腕中心线，呈捋状。

2. 提腿上步的时候，右脚应从左脚的内侧上步，不宜直接向前横跨，也不宜过久停留。

推手内涵以及技击攻防基本与左搂膝拗步一致，不做单独说明。

第十一式　左搂膝拗步

接第十式。

招式详解：

1. 重心略向后，腰带右脚开，掤右臂。（图 76）

图 76

图 77

图 78

2. 重心前移，环右臂坐掌，左臂拦。（图 77）

3. 提起左脚向正前跨步，转腰屈右臂，搂左臂。（图 78）

4. 弓腿击右掌，收左掌。（图 79）

图 79

步型步法：

1. 重心略向后，腰带右脚外摆 45°。

2. 重心右移，提起左脚向正前方上步，脚跟、脚掌依次落地，弓腿蹬撑。

身型身法：

由正东方向先向东南方向转，再向左转回正东方向，头部随身法转动。

手型手法：

1. 随腰掤起右臂，向右后侧（西南方向）环右臂坐掌，左臂环上弧拦掌。

2. 右臂里屈，左臂搂开。

3. 向前击出右掌，收回左掌至左膝旁，掌心向下，指尖向前。

定势动作：

1. 左弓腿向正东。

2. 上身、头部朝向正东方向。

3. 右臂向正前击掌，左臂按在左膝旁。

要点：

1. 开脚掤臂的时候，右手指尖指向左小臂肘腕中心线。

2. 提腿上步的时候，左脚应从右脚的内侧上步，不宜直接向前横跨。

推手内涵以及技击攻防与第七式左搂膝拗步一致，不做单独说明。

第十二式　手挥琵琶

接第十一式。与第八式手挥琵琶一致。

招式详解：

1. 重心前移垫半步。

2. 重心后移，腰右转带右臂由前向后，再向下采按，左臂同时由下向上提拉。

3. 两臂上下合，左脚原地变脚跟着地。

定势动作、推手内涵、技击攻防与第七式左搂膝拗步一致。（图 80）

图 80

第十三式　左搂膝拗步

接第十二式。与第九式左搂膝拗步一致。

招式详解：

1. 腰右转带右臂外旋变掤，向右后侧环臂坐掌，左臂环上弧拦掌。

2. 提起左脚向左侧跨步。

3. 转腰屈右臂，搂左臂。

4. 弓腿的同时击出右掌，收回左掌。

定势动作、推手内涵、技击攻防与第七式左搂膝拗步一致。（图 81）

图 81

第十四式　进步搬拦捶

接第十三式。

视频链接：请使用手机微信扫描二维码，观看该动作的示范讲解视频。（图 82）

图 82

招式详解：

1．重心略向后，腰带左脚开，掤起左臂。

2．重心前移，左臂向左后侧环臂坐掌，右臂同时捋下来至腹部前方握拳。（图 83、图 84）

图 83

图 84

3．提起右脚向前上步，在两脚中心线右侧打开 45° 方向落脚，重心前移，左臂里屈，右拳拳背向前搬出。（图 85、图 86）

图 85

图 86

4．继续前移重心，上左脚，击出左掌，挎回右拳。（图 87）

图 87

图 88

5. 转腰弓腿的同时，右拳前击，左臂里屈。（图 88）

步型步法：

1. 重心略向后，腰带左脚外摆 45°。

2. 重心前移，提起右脚向前跨，在两脚中心线右侧顺势打开 45° 落脚。

3. 重心前移，提起左脚向正前（正东方向）跨步，弓腿蹬撑。

身型身法：

身型由正东方向先向东北方向转，再右转至东南方向，再左转至正东方向。

手型手法：

1. 随腰掤起左臂。

2. 左臂向左后侧（正北偏西方向）环臂坐掌，右手捋下来至腹部前方握拳，拳面向下。

3. 左臂里屈，右拳拳背向前搬出。

4. 左臂前击，右拳收至右胯旁，拳心向上。

5. 右拳内旋，拳面向正前击出，左臂里屈，掌心向右。

定势动作：

1. 左弓腿向正东。

2. 上身、头部朝向正东方向。

3. 右拳拳面向正前方击出，左掌坐掌合于胸前，掌心向右。

推手内涵：

1. 推手的过程中八字手按对方，发力。

2. 推手的过程中左手掌托对方肘，右手肘做捌劲。

技击攻防：

连续左右拦住对方的拳，右拳挎开再打拳。

要点：

1. 搬拦捶：右手握拳为搬，左手坐掌为拦。搬又分为俯腕搬和仰腕搬两种，右拳拳心向下、向左为俯腕搬，右拳拳心由下向上、向外为仰腕搬；拳面击打则为捶。因此统称搬拦捶。

2. 连续向前上步的时候，过渡的步型沿中心线的方向，打开右脚外摆45° 方向落脚，为下一步继续上左脚做弓步做好准备。

3. 步法连续移动的过程中，始终保持在同一水平线，不宜上下起伏。

4. 提腿上步的时候，先收至支撑腿内侧，再向前跨步，步法移动才能显轻灵，不宜直接提腿横跨。

5. 握拳注意食指、中指、无名指、小指向里握实，大拇指扣在食指、中指之上，拳要握实，不宜虚握，亦不宜握死。拳面正前击打的时候注意坐腕。

第十五式　如封似闭

接第十四式。

视频链接：请使用手机微信扫描二维码，观看该动作的示范讲解视频。（图 89）

图 89

招式详解：

1. 腰微微左转，松右拳，旋两臂使掌心向上，左臂合于右臂大臂下方。（图 90）

2. 腰右转，重心后移，两臂前后拉开。（图 91）

3. 转正腰，两臂内旋合于胸前，弓腿的同时向前推按。（图 92、图 93）

图 90

图 91

图 92

图 93

步型步法：

重心先向后移动，再向前弓腿蹬撑。

身型身法：

腰先微微左转至正东偏北方向，再右转至东南方向，再转回正东。

手型手法：

1. 右拳松拳变掌，两臂外旋，掌心向上，左掌合于右手大臂下方。
2. 两臂随腰前后拉开，右手指尖指向左小臂肘腕中心线。
3. 再随腰内旋合于胸前坐掌，掌心朝前。
4. 弓腿的同时向前推出。

定势动作：

1. 左弓腿向正东。
2. 上身、头部朝向正东方向。
3. 两手手心向前推按。

推手内涵：

1. 四正手，挤的时候，旋臂，推按对方。左右皆可。
2. 四正手逆时针，斜穿下面抓对方旋臂，右手搭对方，横推对方。
3. 四正手顺时针，挤的时候右手拉开，左手翻到下面，环弧推出去。
4. 分臂缠绕，掤的时候，左上右下，合封对方手。

技击攻防：

左臂下右臂上，两臂合力将对方卡住，横推对方。

要点：

1. 重心后移时，先松胯，不宜顶胯、突出臀部。
2. 随腰转动时，两小臂同时外旋。

3．两臂在右侧前后拉开时，注意空出胳肢窝，手臂不宜贴近身躯。

4．两臂坐掌收于胸前时，注意上身不宜前俯后仰，保持含胸拔背。

第十六式　十字手

接第十五式。

视频链接：请使用手机微信扫描二维码，观看该动作的示范讲解视频。（图 94）

图 94

招式详解：

1．重心后移，腰右转带左脚里扣 90°，右臂向右后侧拉开。（图 95）

2．重心左移，收回右脚变平行步，两臂从两侧环下弧合十相搭，掤于胸前。（图 96、图 97）

图 95

图 96

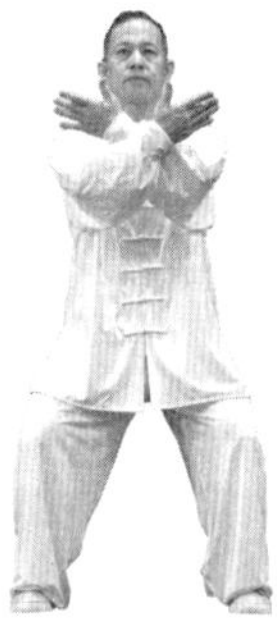

图 97

步型步法：

1．重心后移，腰带左脚里扣 90°。

2．重心左移，提起右脚收回来变开立步，朝向正南方向。

身型身法：

上身由正东方向转至正南方向，头部随身法转动。

手型手法：

1．两臂微微搭弧，右手随腰向斜后侧（西南方向）拉开。

2．两臂从两侧环下弧合十相搭，掤于胸前。

定势动作：

1．开立步向正南，松腰松胯向下坐。

2．上身、头部朝向正前方。

3．两臂双掤手合于胸前。

推手内涵：

分臂缠绕的推手过程中，上方开，下方合，体会两手缠绕旋转的手法。

技击攻防：

假设对方右拳击来，“我”迅速拉开右臂接对方，再合两臂架对方。

要点：

1．屈膝下蹲的时候注意松腰、松胯向后坐，不宜顶胯、突出臀部，切忌跪膝前屈。

2．右臂向斜后侧拉开的时候不宜太高，注意沉肩坠肘，切忌悬肘。

3．两臂从两侧环下弧的时候注意掤臂。

4．两臂合于胸前双掤的时候注意抻出肘尖，掤圆两臂。

到第十六式十字手为传统杨式太极拳第一小段，完整的示范演练可用手机微信扫二维码观看。（图 98）

图 98

第十七式　抱虎归山

接第十六式。

视频链接：请使用手机微信扫描二维码，观看该动作的示范讲解视频。（图 99）

图 99

招式详解：

1．重心略向右，腰带左脚里扣 90°，重心左移，环左臂，右臂旋臂拦掌，提右腿迈步，转腰屈左臂，搂右臂，弓腿击左掌，收右掌。（图 100、图 101）

图 100

图 101

2. 重心左移，腰左转，左臂外旋变掤，右手屈臂上搭，随腰向左捋。（图 102、图 103）

图 102

图 103

3. 腰微微右转，两臂旋，左手搭在右小臂上，弓腿向前挤出。（图 104、图 105）

图 104

图 105

4. 转正腰，分开两臂，重心后移，屈两臂、收两掌，再弓腿向前推出两臂。（图 106～图 108）

图 106

图 107

图 108

步型步法：

1. 重心略向右，腰带左脚里扣 90°。

2. 重心左移，提起右脚向斜后侧（西北方向）跨步，脚跟、脚掌依次落地，弓腿蹬撑。

3. 捋、挤、按的过程中，步型没有变化，只有重心的前后移动。

身型身法：

1. 上身由正南方向先右转至正西偏南方向，再转至斜后侧（西北方向）。

2. 捋的时候由西北方向向正西偏北方向转，再转至正西方向。

3. 挤的时候继续向右偏转至正西偏北。

4. 按的时候转至西北方向。

手型手法：

1. 环左臂坐掌，右手旋臂拦掌；左臂里屈，右臂搂开。击出左掌，右手收至右膝旁。

2. 捋的时候左臂外旋变掤，右手屈臂上搭，左手指尖指向右小臂肘腕中心线，再随腰向左捋至左肘与左膝上下相对。

3. 挤的时候两臂随腰旋臂，左手手心搭在右手小臂上，向前挤出。

4. 按的时候继续随腰分开两臂，掌心向下，随重心后移屈两臂收两掌，再随弓腿向前推出。

定势动作：

抱虎归山包含右搂膝拗步以及揽雀尾的捋、挤、按四组动作，定势除在西北方向之外，其余要点皆与前面的定势一致。

推手内涵：

与第十式右搂膝拗步以及第三式揽雀尾相同。

技击攻防：

假设对方从后面用两手控制“我”肩膀，“我”迅速坐胯，撤右步于对方的腿侧，转腰搂臂搂开对方，左手击打对方胸部。

要点：

1. 抱虎归山这一式的方向稍偏，左脚脚尖朝向正西，右脚在斜后侧西北方向。

2. 捋、挤、按的过程中，上身的转动范围在正西至西北之间。

3. 其余动作要领皆与前揽雀尾之捋、挤、按以及右搂膝拗步一致，方向略有偏差。

第十八式　肘底捶

接第十七式。

视频链接：请使用手机微信扫描二维码，观看该动作的示范讲解视频。（图 109）

图 109

招式详解：

1．重心后移，两臂放平，腰左转带右脚里扣 135°，左臂引、右臂随，两臂转至正东偏南方向。

2．重心右移，腰右转，右臂引、左臂随，转到正西偏南方向。（图 110、图 111、图 112）

图 110

图 111

图 112

3．坐右掌，掤左臂，提起左脚向东南方向跨步，前移重心。（图 113、图 114）

图 113

图 114

4．重心继续前移，提起右脚横跨至东南方向，脚掌、脚跟依次落地，左臂内旋下采。

5. 重心右移，提起左脚于正前方跨步，脚跟着地，同时左手向上托起，右手随腰转过来握拳，拳面向左击打。（图 115、图 116）

图 115

图 116

步型步法：

1. 重心左移，腰带右脚里扣 135°，脚尖指向正南方向。

2. 重心右移，提起左脚向左斜前方（东南方向）跨出，弓腿蹬撑。

3. 重心继续前移，提起右脚向正南方向横跨，在东南方向脚掌、脚跟依次落地。

4. 重心右移，提起左脚原地变脚跟着地呈虚实步。

身型身法：

1. 上身由西北方向左转至正南方向，再由正南方向右转至西南方向，弓腿蹬撑的时候转至正南方向。

2. 提右腿横跨的时候上身继续左转至东南方向。

3. 头部随身法转动。

手型手法：

1. 随重心放平两臂，左臂引、右臂随，平环至正东偏南方向；右臂引、左臂随，两臂转至正西偏南方向，坐起右掌，掤起左臂。

2. 左手内旋下採上托，右手随腰握拳，拳面向左击打。

定势动作：

1. 左虚步向正东，前脚为脚跟着地。

2. 上身朝向东南方向，头部朝向正东方向。

3. 左手在左肩前，掌心朝右，右手位于腹部前方，拳面向左击打。

推手内涵：

左手采按对方，右手直接推肘。

技击攻防：

假设对方左拳击来，“我”提腿横跨闪躲，左手顺势抓对方左拳，下采，上托控制对方，再以右拳击打对方左肋。

要点：

1. 肘底捶转动的过程与之前单鞭的转动过程相似，方向由西北向东南。

2. 右脚向前横跨的时候，应落在左脚中心线的右侧，顺势打开脚尖朝向东南方向。脚掌、脚跟依次落地，再右移重心。

3. 该式习练的过程中注意手脚的协调配合、同时完成，需多加练习。

4. 该式左手用意在于托起对方手臂，再用右拳攻其肋部，因此左手应坐腕。与之前手挥琵琶的左手有所区别，需加以注意。

5. 右拳拳面向左侧击打，手腕不宜内扣，右肘应向外掤圆。

第十九式　右倒撵猴

接第十八式。

视频链接：请使用手机微信扫描二维码，观看该动作的示范讲解视频。（图 117）

图 117

招式详解：

1. 松右拳，向右后侧环臂坐掌。（图 118、图 119）

图 118

图 119

2. 外旋左臂，里屈右臂，提左腿向后撤步。（图 120）

图 120

图 121

3．后移重心的同时摆正前脚，腰带上肢击出右掌，收回左掌。（图 121）

步型步法：

1．提起左脚向后撤步，向中心线的左侧打开 45° 方向（脚尖朝向东北方向），脚掌、脚跟依次落地。

2．后移重心，腰左转，以脚跟为轴摆正前脚呈虚实步，全脚掌落地。

身型身法：

上身由东南方向（右斜前方）向左转至东北方向（左斜前方）。

手型手法：

1．右手松拳变掌，向右后侧环臂坐掌。

2．左臂外旋，右臂里屈。

3．随腰击出右掌，收回左掌至左胯旁，掌心朝上。

定势动作：

1．右倒撵猴右虚步向正东，前脚为全脚掌着地。

2．上身朝向东北方向，头部朝向正东方向。

3．右掌前击，左掌收在左胯旁，掌心向上。

推手内涵：

左手回采对方小臂，右手推按对方另一侧。

技击攻防：

后退时，一手抓采对方手臂，另一手击打对方。

要点：

1．向后撤步的时候，注意上身不宜摆动，保持胯的方向朝向正前，提腿直直地向后撤步。

2．向后撤步的时候注意，脚应落在中心线的左侧，且朝 45° 方向顺势打开。不宜交叉，也不宜间距太宽。

3．向后撤步的时候，重心由前向后，脚掌、脚跟依次落地。

4．腰带前脚摆正的时候，以脚跟为轴转动脚掌，不宜以脚掌为轴拧脚跟。

5．该式虽为后撤步，但攻防的意念在于前击，退中有攻，因此向斜后侧环臂坐掌的时候，头始终保持向前看，不随身法左右转动。

6．该式的定势动作为虚实步，前脚的落脚方式为全脚掌落地，要与之前的动作加以区分。

7．向前击掌的时候注意把击打的意味做出来，而不是摆出去。

第二十式　左倒撵猴

接第十九式。

招式详解：

1．环左臂坐掌，旋右臂。（图 122）

图 122

图 123

图 124

2．屈左臂，撤右腿。（图 123）

3．后移重心的同时摆正前脚，腰带上肢击出左掌，收回右掌。（图 124）

步型步法：

1．提起右脚向后撤步，在中心线的右侧打开 45° 方向落脚（脚尖朝向东南方向），脚掌、脚跟依次落地。

2．后移重心，以脚跟为轴摆正前脚呈虚实步，全脚掌着地。

身型身法：

腰由东北方向（左斜前方）右转至东南方向（右斜前方）。

手型手法：

1. 环左臂坐掌。

2. 外旋右臂，里屈左臂。

3. 随腰击出左掌，收回右掌。

定势动作：

1. 左倒撵猴左虚步向正东。

2. 上身朝向东南方向，头部朝向正东方向。

3. 左掌前击，右掌收在右胯旁，掌心向上。

推手内涵、技击攻防以及招式注意要点皆与右倒撵猴一致。

第二十一式　右倒撵猴

接第二十式。与第十九式右倒撵猴一致。

招式详解：

1. 右臂环臂坐掌。

2. 旋左臂，屈右臂，提左腿撤步。

3. 后移重心的同时摆正前脚，腰带上肢击出右掌，收回左掌。（图 125、图 126、图 127）

图 125

图 126

图 127

第二十二式　斜飞势

接第二十一式。

视频链接：请使用手机微信扫描二维码，观看该动作的示范讲解视频。（图 128）

图 128

招式详解：

1. 两臂旋臂、环臂倒手合，提起右脚向斜后侧跨步。（图 129、图 130）

图 129

图 130

图 131

2. 弓腿转腰的同时，两臂左右拉开。（图 131）

步型步法：

1. 提起右脚，向斜后侧西南方向跨步，脚跟、脚掌依次落地。
2. 腰带弓腿蹬撑。

身型身法：

上身由东北方向向右转至正南方向。

手型手法：

1. 两臂旋臂、环臂倒手合。
2. 转腰弓腿的同时两臂左右拉开。

定势动作：

1. 右弓腿朝西南方向。
2. 上身朝向正南方向，眼看右手的方向。
3. 右手在斜右侧，上下肘膝相对，掌心向上，左手按在左胯前。

推手内涵：

与右掤、右野马分鬃的推手内涵相似。

技击攻防：

对方从右后方击拳，“我”两臂环臂抓对方右拳，倒向左手，向后击打对方肋部或鬓角。反之亦然。

要点：

1. 该式转体幅度较大，两臂开合也较大，尤其需要注意上下的协调配合，保持身型的平稳。

2. 提右腿向斜后侧跨步的时候，注意松胯、圆裆，先将右脚收至左脚内侧，不宜直接环弧横跨，否则容易失去重心，下盘不稳。

3. 右腿向斜后侧跨步的时候，脚跟、脚掌依次落地，再逐步向右移动重心。

4. 跨步的时候，胯要松沉。腰先转带右脚跨步，弓腿的时候再继续转腰。

5. 两臂左右拉开，注意右手坐腕伸指。

第二十三式　提手上势

接第二十二式。

招式详解：

1. 重心右移，左脚垫半步，两臂里屈。（图 132）

图 132

图 133

2. 重心后移，提起右脚向正前跨，脚跟着地，腰左转，两臂合。（图 133）

步型步法：

1. 重心右移，提起左脚向右、向前垫半步，落在两脚中心线左侧，脚尖朝向东南方向。

2. 重心左移，提起右脚原地脚跟着地呈虚实步。

身型身法：

上身由正南方向转向东南方向，头部朝向正前方。

手型手法：

1. 两臂里屈。

2. 右臂由右向左前击至右肩前，掌心向左，左臂同时由左向右合，左手指尖指向右小臂肘腕中心线。

要点：

1．该式整体与第五式提手上势较为一致；但是步法的转变有所不同。

2．左脚向前垫步时注意落脚为斜 45° 方向。

定势动作、推手内涵、技击攻防的要点皆与第五式提手上势一致。

第二十四式　白鹤亮翅

接第二十三式。与第六式白鹤亮翅一致。（图 134）

招式详解：

1．环臂倒手合，提起右脚原地摆扣 45° 。

2．重心右移，提起左脚朝左侧正前方跨步，前脚掌着地的同时，右臂上架，左臂收至左胯旁。

图 134

第二十五式　左搂膝拗步

接第二十四式。与第七式左搂膝拗步一致。（图 135）

招式详解：

1．腰右转带右臂由上向下旋臂变掤，左臂由下向上提拉至胸前。

2．腰继续右转，向右后侧环右臂坐掌，拦左臂。

图 135

3．提起左脚向左侧跨步。

4．转腰屈右臂，搂左臂。

5．弓腿的同时击出右掌，收回左掌。

第二十六式　海底针

接第二十五式。

视频链接：请使用手机微信扫描二维码，观看该动作的示范讲解视频。（图 136）

图 136

招式详解：

1．重心前移垫半步，右手外旋变垂吊手。（图 137）

2．重心后移，腰右转，右臂向斜后侧拉，提起左臂，左脚变脚跟着地。（图 138）

图 137

图 138

图 139

3．提起左脚原地变前脚掌着地，转正腰，折腰向下，右手指尖向下插，左手随腰收至左小腿旁。（图 139）

步型步法：

1．重心前移，右脚向前垫半步。

2．重心后移，提起左脚原地变脚跟着地，呈虚实步。

3．再提起左脚原地变前脚掌着地，呈虚实步。

身型身法：

1．先由正东方向向东南方向转腰，再转回正东方向。

2．折腰向下沉。

3．头随身法转动，折腰向下的时候保持中正，眼看向前方的地面。

手型手法：

1．右手随腰外旋变垂吊手，再随腰向斜后侧拉，左臂向上提拉起来。

2．折腰向下的时候右手经过耳旁，指尖向下插，左手随身法收至左小腿旁。

定势动作：

1．左虚步向正东，左脚前脚掌着地。

2．折腰下插，头中正，眼看向前方地面。

3．右手在额头斜右侧，指尖向下插，左手按在左小腿旁。

推手内涵：

四正手中的採劲。

技击攻防：

假设对方抓拿“我”右手，“我”小臂外旋，顺势折腰採对方。

要点：

1．左脚由脚跟着地转为前脚掌着地，身法随之有变化。脚跟着地的时候，身体在斜方向，与后脚的方向一致；前脚掌着地的时候，上身、头部均朝向正前方。

2．折腰向下的时候，注意松腰、松胯，不宜突出臀部。

3．始终保持含胸拔背，不宜驼背低头。头保持中正，不宜低头向后看，也不宜抬头看正前方，眼看向正前右 2～3 米的地面即可。

4．右手向斜后侧拉的时候注意肘尖向正南偏西的方向，不宜超过西南方向，以免影响含胸拔背。

5．注意上身起落的过程中，始终是腰带两臂，不宜做成仅仅是手臂的摆动。

6．右手手腕随腰旋臂，有向下垂吊、勾吊之意，习练的时候多加注意。

第二十七式　扇通臂

接第二十六式。

视频链接：请使用手机微信扫描二维码，观看该动作的示范讲解视频。（图 140）

图 140

招式详解：

1．提起上身，腰右转，旋右臂、搭左臂。（图 141）

2．提起左脚向左侧跨步。（图 142）

图 141

图 142

图 143

3．弓腿的同时左臂前击，右臂拉至右耳旁。（图 143）

步型步法：

1．提起左脚向左斜前方跨步，脚跟、脚掌依次落地。

2．弓腿蹬撑。

身型身法：

上身由正东转向东南方向，头部朝向正东方向。

手型手法：

1．提起上身，腰带右臂内旋，右掌掌心朝右，左臂搭在右手小臂上。

2．弓腿的同时左臂前击，右臂拉至右耳旁。

定势动作：

1．左弓腿向正东。

2．上身朝向东南方向，头部朝向正东方向；上身保持中正。

3．左掌前击，右掌在右耳旁，掌心向外。

推手内涵：

四正手逆时针方向捋，右手採，左手推对方右肩。

技击攻防：

假设"我"的右手被对方拿住，"我"迅速内旋小臂，同时顺势上架对方，左手前击。

要点：

1．向前弓腿蹬撑的时候，上身保持中正，身法略向右，不前倾。

2．弓腿向前，身向右转，膝盖始终沿着脚尖的方向前移，不宜跪膝。

3．右手拉开在额头右侧，不宜遮挡脸部；也不宜耸肩，始终保持沉肩坠肘。

第二十八式　转身撇身捶

接第二十七式。

视频链接：请使用手机微信扫描二维码，观看该动作的示范讲解视频。（图 144）

图 144

招式详解：

1．重心后移，腰带左脚里扣 135°，左臂上环，右臂下压。（图 145）

2．重心左移，左臂下屈，右手握拳。

3. 向前迈出右脚，正面撇出右拳。(图 146)

4. 弓腿的同时击出左掌，收回右拳。(图 147)

图 145

图 146

图 147

步型步法：

1. 重心右移，腰带左脚里扣 135°。

2. 重心左移，提起右脚向正西跨步。

3. 弓腿蹬撑。

身型身法：

1. 上身由东南方向向右转至西南方向，继续右转至正西方向。

2. 头部随身法转动。

手型手法：

1. 随腰转动，左臂上环至头顶上方，右臂向下按至腹部前方。

2. 左臂下屈，右手握拳，拳背向正西撇出。

3. 弓腿的同时左掌向前击，右拳收至腰旁，拳心朝上。

定势动作：

1. 右弓腿向正西。

2. 上身、头部朝向正西方向。

3. 左掌前击，右拳收在腰际，拳面向上。

推手内涵：

1. 分开两臂接手后，腰转臂合握拳撇，然后下压对方右臂，左手击打对方，前后挒劲。

2. 四正手顺时针方向转动，两臂合于左后方，向右前方折叠。

技击攻防：

假设对方右拳从后侧击来，“我”转身顺势用右小臂下压，左掌提手下按，右掌变拳以拳背击打对方。

要点：

1．右拳向前撇出的时候为拳背向前，拳心向里，扣腕，使拳背绷起，与搬拦捶的仰腕搬有区别。

2．该式与单鞭转体一致，注意左脚扣脚的时候要扣足 135°，右脚向右侧摆扣才可找准位置。

第二十九式　进步搬拦捶

接第二十八式。

招式详解：

1．重心后移，腰带左臂旋臂变掤，右拳屈臂前击。（图 148）

图 148

图 149

2．重心继续左移，收右脚，腰左转，向左斜后侧环左臂坐掌，右拳俯腕搬。（图 149）

3．提起右脚向正前方中心线的右侧打开 45° 跨步，腰右转，屈回左臂，仰腕搬出右拳。

4．继续前移重心，提左脚向前跨步，击出左掌，挎右拳至腰间。（图 150、图 151）

图 150

图 151

图 152

5．弓腿转腰，击出右拳，收回左掌。（图 152）

步型步法：

1．重心后移，顺势收回右脚至左脚内侧。

2．右脚再向前沿中心线右侧打开 45° 上步。

3．继续前移重心，向前上左脚。

4．弓腿蹬撑。

身型身法：

1．身体由正西方向先向左转至西南方向。

2．再向右转至西北方向。

3．再向左转回正西方向。头随身法转动。

手型手法：

1．左臂随腰外旋变掤，右拳屈臂前击，两臂成捋状。

2．环左臂坐掌，右拳拳心向下俯腕搬。

3．左臂里屈，右拳拳心向上仰腕搬出。

4．击出左掌，右拳收至腰际。

5．击出右拳，屈回左臂。

定势动作：

与之前的进步搬拦捶一致，上身、头部朝向正西。

要点：

1．该式与之前搬拦捶的练习方法基本一致，衔接部分有所区别，要加以注意。

2．右拳屈臂向前搭的时候，左手外旋变掤，两臂呈捋状，再顺势衔接之后的动作。

3．该式进步搬拦捶即为一个完整的，包含了俯腕搬、仰腕搬、拦掌、打捶的进步搬拦捶。而第十四式进步搬拦捶，从左搂膝拗步衔接，右手为掌，捋下来才握拳，并没有包含俯腕搬的动作，因此并不完整。

推手内涵、技击攻防与第十四式进步搬拦捶一致。

第三十式　上步揽雀尾

接第二十九式。

招式详解：

1．重心略向后，腰带左脚开，左臂外旋变掤，右手松拳变掌向下按。（图 153、图 154）

图 153

图 154

2．继续前移重心，两臂旋臂合于左侧，掌心侧相对；上右脚，弓腿的同时两臂上下拉开。（图 155、图 156）

图 155

图 156

3．捋、挤、按与第三式揽雀尾一致。（图 157、图 158、图 159）

图 157

图 158

图 159

步型步法：

1．重心略向后，腰带左脚外摆 45°。

2．重心前移，提起右脚向前跨步，脚跟、脚掌依次落地，弓腿蹬撑。

3．捋、挤、按的时候保持右弓步的步型不动，重心前后移动。

身型身法：

1．身体由正西方向向左转至西南方向。

2．右掤、捋、挤、按的身法变化与第三式揽雀尾一致。

手型手法：

1．随腰左臂外旋变掤，右手松拳变掌向下采按。

2．腰带两臂旋臂合于左侧，弓腿的同时上下拉开两臂即为右掤。

3．捋、挤、按的手法变化与第三式揽雀尾一致。

定势动作：

右掤、捋、挤、按的定势与第三式揽雀尾一致。

要点：

1．上步揽雀尾与第三式揽雀尾的区别在于左掤的不同。第三式揽雀尾有完整的左掤，再衔接右掤。而上步揽雀尾的左掤则在过渡的过程中，左手外旋上掤，右手松拳下采做出掤势即可。

2．其余要点皆与第三式揽雀尾一致。

推手内涵以及技击攻防与第三式揽雀尾一致。

第三十一式　单鞭

接第三十式。与第四式单鞭一致。（图 160）

招式详解：

1．重心后移，两臂放平，腰左转带右脚里扣 135°，左臂引、右臂随，上身转到左后侧，正东偏北方向。

2．重心右移，腰右转，摆正左脚，右臂引、左臂随，上身转回右斜前方（正南偏西方向），右手做勾手，左手旋臂变掤。

图 160

3．提起左脚向左侧正前方跨步，弓腿转腰，旋臂击左掌。

第三十二式 左右云手（一）

接第三十一式。

视频链接：请使用手机微信扫描二维码，观看该动作的示范讲解视频。（图 161）

图 161

招式详解：

1. 重心右移，腰带左脚里扣 90°，左臂平环里屈。（图 162、图 163）

图 162

图 163

2. 重心左移，腰左转，左臂环上弧，右臂环下弧，收回右脚变平行步。（图 164、图 165）

图 164

图 165

图 166

3. 重心右移，腰右转，提起左脚向左侧横跨，右臂环上弧，左臂环下弧。（图 166）

步型步法：

1. 重心后移，腰带左脚里扣 90°。

2. 重心左移，收回右脚变平行开立步。

3．重心右移，提起左脚向左侧横跨。

身型身法：

1．上身从东南方向向右转至西南方向。

2．再由西南方向向左转至东南方向。

3．再由东南方向向右转至西南方向。

手型手法：

1．左臂随身法右转平环里屈，过中心线，到右肩正前，坐掌掌心侧向外。

2．随腰左转，左臂向左逆时针环上弧，掌心侧向外，右手松开勾吊手，向左顺时针环下弧，掌心向内做掤，在左侧胸际相合的时候做出捋状。

3．随腰右转，右臂向右顺时针环上弧，掌心向外，左臂向右逆时针环下弧，掌心向里，在右侧相合做出捋状。

定势动作：

1．开立步向正南，松胯下坐。

2．上身、头部朝向正南方向。

3．左手掤在上方，右手掤在腹部前方即为左云手；右手掤在上方，左手掤在腹部前方即为右云手。

推手内涵：

分臂缠绕，由里向外，上开下合的过程即为云手。

技击攻防：

假设对方右拳击打，“我”右手掤接旋拿，左手加劲，採对方。反之亦然。

要点：

1．左右云手应在腰的带动下，四肢协调配合，左右转动。

2．平行步横向移动的过程中，两脚始终直向前，保持平行的关系；两脚开则略比肩宽，合则与肩同宽；移动的过程中注意不要上下起伏；提脚则由脚跟到脚掌，落脚则由脚掌到脚跟。

3．注意上下的配合，身向右转的时候，右臂上环、左臂下环，左脚向左侧跨步；身向左转的时候，左臂上环、右臂下环，右脚向左收回。

4．两臂左右环弧，指尖高不可过口鼻，低至腹部前方；注意以腰带手臂旋转。

5．转腰带两臂环弧的过程中，注意头部也随着身法左右转动。

6. 云手分左右，一般是连续三组，可以做一组，也可以做五组；按照套路的编排，宜做单数，不宜做双数。

7. 第三组云手，要将右脚往斜向前 45° 方向跨步，为下一式衔接单鞭做准备。

第三十三　左右云手（二）

接第三十二式。

招式详解：

1. 重心左移，腰左转，左臂上环，右臂下环，收回右脚变平行步。（图 167、图 168）

图 167

图 168

2. 重心右移，腰右转，提起左脚向左侧跨，右臂上环，左臂下环。（图 169、图 170）

图 169

图 170

步型步法：

1. 重心左移，收回右脚变平行步，与肩同宽。

2. 重心右移，提起左脚向左侧跨步，平行开立，略比肩宽。

身型身法：

1. 上身从西南方向转回东南方向。

2. 再由东南方向向右转至西南方向。

手型手法：

1. 左臂随腰左转，向左逆时针环上弧，掌心侧向外，右手向左顺时针环下弧，掌心向内做掤，在左侧胸际相合的时候做出捋状。

2. 右臂随腰右转，向右顺时针环上弧，掌心向外，左臂向右逆时针环下弧，掌心向里，在右侧相合做出捋状。

定势动作：

1. 开立步向正南，松胯下坐。

2. 上身、头部朝向正南方向。

3. 左手掤在上方，右手掤在腹部前方即为左云手；右手掤在上方，左手掤在腹部前方即为右云手。

推手内涵、技击攻防、注意要点与第三十二式左右云手（一）一致。

第三十四式　左右云手（三）

接第三十三式。

招式详解：

1. 重心左移，腰左转，左臂上环，右臂下环，提起右脚向斜前方跨步。

2. 重心右移，右臂上环至斜右侧与肩高处坐掌，左臂环下弧至胸前掤起。（图 171、图 172、图 173）

图 171

图 172

图 173

步型步法：

1. 重心左移，提起右脚向右斜前方（脚尖朝东南方向）跨步，脚掌、脚跟依次落地。

2. 重心右移。

身型身法：

1. 上身从西南方向转回东南方向。

2. 再由东南方向向右转至正南方向。

3. 头部随身法转动。

手型手法：

1. 左臂随腰左转，向左逆时针环上弧，掌心侧向外，右手向左顺时针环下弧，掌心向内做掤，在左侧胸际相合的时候做出捋状。

2. 右臂随腰右转，向右环上弧至右侧斜方向坐掌；左臂环下弧上掤至胸前。

定势动作：

1. 右脚脚尖朝向东南方向，左脚脚尖朝向正南方向。

2. 上身、头部朝向正南方向。

3. 左手掤在胸前，右手在右肩斜前方（正南偏西方向）坐掌，掌心向外。

推手内涵、技击攻防、注意要点与第三十二式左右云手（一）一致。

第三十五式　单鞭

接第三十四式。

招式详解：

右手做勾吊手，提起左脚向左侧跨，弓腿转腰，旋臂击掌。（图 174、图 175）

图 174

图 175

步型步法：

提起左腿向正东方向跨步，脚跟、脚掌依次落地，弓腿蹬撑。

身型身法：

上身由正南方向向左转至东南方向。头部随身法转动，朝向正东方向。

手型手法：

右手做勾吊手，转腰弓腿的同时左臂旋臂击掌。

定势动作、推手内涵、技击攻防与第四式单鞭一致。

第三十六式　高探马

接第三十五式。

视频链接：请使用手机微信扫描二维码，观看该动作的示范讲解视频。（图 176）

图 176

招式详解：

1. 腰右转，松开右手勾手，微坐掌。

2. 右臂平屈，左臂外旋，收回左脚变前脚掌着地。（图 177）

图 177

图 178

3. 转正腰，右臂前击，左臂收至左肋旁。（图 178）

步型步法：

重心后移，腰带左脚向右、向后收，落在两脚中心线的左侧，前脚掌着地呈虚实步。

身型身法：

上身由东南方向继续右转至正南方向，再左转至正东方向。头部随身法转动。

手型手法：

1. 右手松开勾吊手，微坐掌。
2. 右臂平屈，左臂外旋、掌心向上。
3. 右臂随腰以掌沿外侧前击，左臂收至左肋旁，掌心侧向上。

定势动作：

1. 左虚步向正东（正前方），前脚掌着地。
2. 上身、头部朝向正东（正前方）。
3. 右手掌沿外侧前击对方咽喉部位，左手手心向上收至左肋旁。

推手内涵：

四正手顺时针方向捋对方，右小臂封压对方两小臂，左臂回抽，右臂同时前伸，形成对拉。

技击攻防：

假设对方右拳击来，"我"左手掤接，旋臂向后拉，右手以掌沿击打对方咽喉部位。

要点：

1. 重心右移的同时，腰向右转，左脚才能更加自然、顺畅地提起。
2. 向后收脚的时候注意保持屈膝下蹲的姿势，右腿不宜站直。
3. 右掌前击的时候手腕微微里合，意在掌沿外侧，不宜用手指直向前。
4. 左手向后收的位置在左肋旁，要与之前的倒撵猴加以区分。

第三十七式　右分脚

接第三十六式。

视频链接：请使用手机微信扫描二维码，观看该动作的示范讲解视频。（图 179）

图 179

招式详解：

1. 腰带两臂平环，右臂由前向右再向里，左臂由里向左再向前，两臂合，提起左脚向左斜前方跨步，弓腿的同时两臂左右拉开。（图 180、图 181、图 182）

图 180

图 181

图 182

2. 腰带右臂平环里屈，合于左小臂外侧成双掤手，前移重心提起右腿，呈独立步。（图 183、图 184）

图 183

图 184

图 185

3. 向右分脚的时候两臂向两侧旋臂拉开。（图 185）

4. 右脚分出之后，随即收回，保持提膝。

步型步法：

1. 提起左脚向正东偏北的方向跨步，脚跟、脚掌依次落地，弓腿蹬撑。

2. 前移重心，顺势提起右腿，绷直脚尖，向东南略小于 45° 方向（正东偏南方向）踢出小腿，随即收回，保持提膝的独立步姿势。

身型身法：

身体由正东向右转，再向左转至正东偏北。提膝分脚的时候再微微右转。头部随身法转动。

手型手法：

1. 右臂由前向右环弧再向里合，左臂由后向左再向前环，两臂在胸前交叉，左右拉开，左手指尖指向右小臂肘腕中心线。

2. 右臂随腰平环里屈，搭在左小臂外侧，变双掤手。

3. 分脚的同时两臂左右旋臂拉开，掌心向外坐掌。

定势动作：

1．左脚支撑腿在正东偏北的方向，右腿朝正东方向提膝。

2．上身与左脚方向一致，眼看向右手的方向。

3．两臂左右拉开，右手在右脚正上方，上下相对，左手在左侧，两手臂夹角小于 135°。

推手内涵：

锁住对方两臂，可上步踢对方胯、膝、踝，也可提膝攻击对方。

技击攻防：

1．假设对方右拳击来，“我”左手掤接，旋臂向后拉，右手向前击打。

2．假设对方右拳击来，“我”右手接，上右脚从侧面顺势踢对方。

要点：

1．转动式的过程中，两臂平环，各环一个圆周。右臂由正前方，向右往里，再由里向左往前，向右斜前方拉开；左臂由里向左往前，再由前向右往里环弧，掤于胸前，两臂成捋状。右手始终在上，左手始终在下，上下不交叉。

2．做转动式的时候，左弓腿，两臂成捋状，左手掤与左腿上下肘膝相对。头部、上身朝向东南方向。

3．两小臂合十相搭，做双掤手，朝向东北方向（左斜前方）。

4．分脚的时候两臂向左右两侧拉开，小臂旋臂向左右，不走上弧。

5．独立步的时候，左腿支撑腿自然站立，不宜过分弯曲，也不宜硬挺。分脚时注意绷直脚面踢出。

6．腰带两臂左右环，不仅仅是手臂的摆动。

7．两臂合十相搭，右分脚或右蹬脚则右手在外，左分脚或左蹬腿则左手在外。

8．分脚的时候，头部转向分脚的方向。

第三十八式　左分脚

接第三十七式。

招式详解：

1．坐左腿，落右腿，屈左臂，旋右臂，左臂向右环，右臂向左合，弓腿的同时两臂左右拉开。（图 186、图 187、图 188）

图 186

图 187

图 188

2．腰带左臂平环里屈，搭在右小臂外侧成双掤手，前移重心提起左腿，向左分脚的时候两臂向两侧旋臂拉开。（图 189、图 190、图 191）

图 189

图 190

图 191

3．左脚向左斜前方分出之后，随即收回，保持提膝。

步型步法：

1．坐左腿，向正东偏南方向落右腿，脚跟、脚掌依次落地，弓腿蹬撑。

2．前移重心，顺势提起左腿，绷直脚尖，向东北略小于 45° 方向踢出小腿，随即收回，保持提膝的独立步姿势。

身型身法：

左分脚的时候身法向右转至正东偏南方向，再向右转，提腿分脚的时候腰微微左转。头部随身法转动。

手型手法：

1．屈左臂，旋右臂，右臂往左、左臂往右，两臂在胸前交叉，然后向左右拉开，右手指尖指向左小臂肘腕中心线。

2．腰带左臂平环里屈，搭在右小臂外侧。

3．分脚的同时两臂左右旋臂拉开，掌心向外坐掌。

定势动作：

1．右脚支撑腿在正东偏南的方向，小于 45°，左腿朝正前方提膝。

2．上身与右脚方向一致，眼看向左手的方向。

3．两臂左右拉开，左手在左脚正上方，上下相对，右手在右侧，两手臂夹角小于 135°。

推手内涵、技击攻防以及注意要点与左分脚一致。

第三十九式　转身左蹬腿

接第三十八式。

视频链接：请使用手机微信扫描二维码，观看该动作的示范讲解视频。（图 192）

图 192

招式详解：

1．坐右腿，落左腿，右臂外旋，左臂外旋右合于胸前。（图 193）

2．摆左腿，以右脚脚跟为轴转体 180°，摆动的过程中左腿顺势提膝，两臂合。（图 194）

图 193

图 194

图 195

3．勾起脚尖蹬出左脚，分开两臂，随即收回左脚，保持提膝。（图 195）

步型步法：

1．坐右腿，左腿向内合。

2．随腰摆动转体 180°，右脚以脚跟为轴拧转，由正东偏南方向沿逆时针方向摆扣到西北方向。

3．转身后顺势提左膝，再勾起脚尖，脚跟向正西方向蹬出，随即收回，保持提膝的独立步姿势。

身型身法：

身体由正东偏南方向，沿逆时针转至西北方向。头部随身法转动。

手型手法：

1. 两臂随腰外旋，掌心侧向上，左手指尖指向右小臂肘腕中心线。

2. 随身法摆动两臂，掤臂合于胸前，左臂搭在右臂外侧，蹬腿的时候两臂左右旋臂拉开。

定势动作：

1. 独立步支撑腿朝西北方向，左腿提膝朝向正西方向。

2. 上身朝向西北方向，头部朝正西的方向。

3. 左臂在左腿正上方，右臂在斜右侧，两臂之间的夹角小于 135°。

推手内涵：

同分脚一致。

技击攻防：

摆腿、蹬脚攻击对方。

要点：

1. 转体的时候，左脚为摆动腿，由下向上环，顺势提膝。

2. 转体的时候，支撑腿始终为右腿，因此右脚以脚跟为轴、脚掌微离地面摆扣，腰带全身扣脚，沿逆时针方向转身。

3. 蹬脚的时候勾起脚尖，正前蹬出。这与分脚有所区别，注意区分。

4. 蹬脚的同时，两臂左右分开，夹角小于 135°，始终保持含胸拔背。

第四十式　左搂膝拗步

接第三十九式。

招式详解：

1. 环右臂，拦左臂，坐右腿，落左腿。（图 196、图 197）

图 196

图 197

2．转腰屈右臂，搂左臂。（图 198）

图 198

图 199

3．弓腿击右掌，收左掌。（图 199）

步型步法：

松腰向下坐胯坐右腿，左脚顺抛向前落，脚跟、脚掌依次落地，弓腿蹬撑。

身型身法：

由西北方向向左转至正西方向，头部随身法转动。

手型手法：

1．右臂上环旋臂掤于胸前。

2．环右臂坐掌，左臂拦。

3．屈右臂，搂左臂。

4．击右掌，收左掌。

定势动作：

1．左弓腿向正西。

2．上身、头部朝向正西方向。

3．右掌前击，左掌收在左膝旁。

推手内涵、技击攻防与第七式的左搂膝拗步一致。

第四十一式　右搂膝拗步

接第四十式。与第十式右搂膝拗步一致，方向由正东变为正西。

招式详解：

1．重心略向后，腰带左脚开，掤起左臂。

2．重心前移，环左臂坐掌，右臂拦。（图 200、图 201）

图 200

图 201

3. 提起右脚向正前跨，转腰屈左臂，搂右臂。

4. 弓腿击左掌，收右掌。（图 202、图 203）

图 202

图 203

第四十二式　进步栽捶

接第四十一式。

视频链接：请使用手机微信扫描二维码，观看该动作的示范讲解视频。（图 204）

图 204

招式详解：

1. 重心略向后，腰带右脚开，掤起右臂。（图 205）

图 205

图 206

2. 重心前移，提起左脚向前跨，左臂拦，右手握拳收于腰间。（图 206）

3. 弓腿蹬撑的同时左臂搂至左膝旁，右拳拳面斜向下击打。（图 207、图 208）

图 207

图 208

步型步法：

1. 重心后移，腰带右脚打开 45°。

2. 重心前移，提起左脚向正前方跨步，弓腿蹬撑。

身型身法：

从正前（正西方向）先向右斜前方转，弓腿的同时再转正腰。

手型手法：

1. 随腰掤起右臂。

2. 腰带左臂拦，右手握拳收至腰间，拳心朝上。

3. 转腰弓腿的同时，左臂搂至左膝旁，右拳内旋，拳面斜向下击出。

定势动作：

1. 左弓腿向正西。

2. 上身、头部朝向正西方向。

3. 左臂在左膝旁，右拳拳面斜向下击打。

推手内涵：

同搂膝拗步一致。

技击攻防：

假设对方右拳击来，“我”用左手接，搂过对方，再用右拳击打对方膝盖。

要点：

1. 过渡动作与左搂膝拗步一致，右手握拳，拳面斜向下击打。

2. 注意松腰、松胯，不宜驼背，不宜突出臀部。

3．头部随身法转动，眼看向右拳的方向。

4．进步栽捶定势动作上身向前倾斜的幅度要大于搂膝拗步。

第四十三式　转身撇身捶

接第四十二式。

招式详解：

1．重心后移，腰右转带左脚里扣 135°，左臂上环，右拳内旋至腹部前方。（图 209）

2．重心左移，提起右脚向右侧跨，左臂下屈，右拳正面撇出。（图 210、图 211）

图 209

图 210

图 211

3．弓腿蹬撑，击出左掌，收回右拳。（图 212）

图 212

步型步法：

1．重心右移，腰带左脚里扣 135°。

2．重心左移，提起右脚向正右侧方向（正东）跨步，脚跟、脚掌依次落地。

3．弓腿蹬撑。

身型身法：

1．由正西方向向右后侧转 135° 至东北方向。

2．提腿跨步的时候继续向右侧转腰 45° 至正东方向。

手型手法：

1．左手随腰由下向上环至头顶上方，右拳随身法内旋，顺势收至腹部前方，拳心向下。

2．左手向下屈臂坐掌，收至左肩旁，右拳拳背向正前撇出。

3．弓腿蹬撑的同时击出左掌，右拳收至腰旁，拳心向上。

定势动作：

1．右弓腿朝向正东方向。

2．头部、上身朝向正东方向。

3．左掌向正前方击掌，右拳收在腰旁，拳心向上。

要点：

1．该式要点基本与第二十八式转身撇身捶一致，衔接的地方稍有不同。

2．左手由下向上环起，右拳内旋提拉收于腹部前方。

第四十四式　进步搬拦捶

接第四十三式。与第二十九式进步搬拦捶一致，朝向正东。（图 213）

图 213

招式详解：

1．重心后移，腰带左臂旋臂变掤，右拳屈臂前击。

2．重心继续左移，收右脚，腰左转向左后侧环左臂，右拳俯腕搬。

3．提起右脚向正前中心线的右侧打开 45° 方向跨步，腰右转，屈回左臂，仰腕搬出右拳。

4．继续前移重心，提左脚向前跨步，击出左掌，挎右拳至腰间。

5．弓腿转腰，击出右拳，收回左掌。

第四十五式　右蹬腿

接第四十四式。

招式详解：

1. 重心略向后移，腰带左脚打开 45°，左臂外旋变掤，右手松拳变掌下采。（图 214）

图 214

图 215

图 216

2. 重心前移，顺势提起右腿，右臂环下弧搭在左臂外侧成双掤手。（图 215、图 216）

3. 勾起脚尖蹬出右腿，分开两臂。（图 217）

4. 收回右腿呈独立步。

图 217

步型步法：

1. 重心略向后移，腰带左脚打开 45°，脚尖朝向东北方向。

2. 重心前移，顺势提起右腿，勾起脚尖向正前方蹬出，随即收回，保持提膝的独立步姿势。

身型身法：

上身由正东向左转至东北方向。头部朝向正东方向。

手型手法：

1. 腰带左臂外旋变掤，右手松拳变掌下按。

2. 右臂环下弧上掤，合于左小臂外侧，成双掤手。

3. 蹬腿的时候两臂左右旋臂分开。

定势动作：

1. 左腿支撑腿向东北方向，右腿提膝朝向正东方向。

2. 上身在东北方向，头部朝向正东方向。

3. 两臂左右拉开，右臂在右腿正上方，左臂在左斜侧。

推手内涵、技击攻防、注意要点同右蹬腿一致。

第四十六式　左打虎势

接第四十五式。

视频链接：请使用手机微信扫描二维码，观看该动作的示范讲解视频。（图 218）

图 218

招式详解：

1．坐左腿，落右腿，重心右移，左臂平环里屈。（图 219、图 220）

图 219

图 220

2．提起左脚向正前跨，弓腿转腰的同时左臂引、右臂随，两臂环下弧握拳，左臂环至额头斜上方，右臂环至腹部前方，两拳拳眼上下相对。（图 221、图 222）

图 221

图 222

步型步法：

1．松腰松胯坐左腿、落右腿，右脚与左脚平行，脚尖朝向东北方向，脚跟、脚掌依次落地。

2. 重心右移，向正北方向上左脚，弓腿蹬撑。

身型身法：

上身由东北方向向左转至正北方向。

手型手法：

1. 左臂随腰平环里屈，两臂成捋状。

2. 弓腿转腰的同时左臂引、右臂随，两手环下弧握拳，左臂环至额头斜上方，拳眼向下，拳面向右击出，右臂环至腹部前方，拳眼向上，拳面向左击出。

定势动作：

1. 左弓腿向正北。

2. 上身、头部朝向正北方向。

3. 左拳在额头斜上方，拳眼向下；右拳在腹部前方，拳眼向上。

推手内涵：

1. 四正手捋的时候，顺势抓对方，加速捋，左右皆可。

2. 四正手顺时针按的时候，一手先拉对方，另一手在对方腰部加力。

技击攻防：

1. 假设对方右拳击来，“我”左手向右推对方击来的拳，右手顺势击打对方头部。反之亦然。

2. 假设对方右拳击来，“我”右手接对方右拳，左手从下方推按对方。反之亦然。

要点：

1. 坐左腿、落右腿的时候，注意右脚的落脚与左脚方向一致，斜方向里扣 45° 落脚，朝向东北方向，为左脚向正北方向做左弓腿做好准备。

2. 左臂平环里屈合回来的时候，两臂在右侧成捋状。

3. 左臂由右侧向下、向左环 270° 的大弧，逐渐握拳，拳面向右，至头顶上方。注意手腕里扣，左臂掤圆。右臂由右向下、向左环 90° 的小弧，拳面向左，坐腕于腹部前方，空出胳肢窝，肘尖外撑，掤圆右臂。

4. 环弧的过程中两臂始终撑开、掤圆。

5. 两臂环弧时注意左右协调、上下相随，腰带全身。

6. 左右打虎式是一组朝向正北、正南的动作。

第四十七式 右打虎势

接第四十六式。

招式详解：

1. 重心后移，腰带左脚里扣 135° 。（图 223）

图 223

图 224

2. 重心左移，两臂松拳变掌合于左侧，提起右脚向正前方跨。（图 224）

3. 弓腿转腰的同时右臂引、左臂随，两臂环下弧握拳，右臂环至额头斜上方，左臂环至腹部前方，两拳拳眼上下相对。（图 225）

图 225

步型步法：

1. 重心后移，腰带左脚里扣 135° 。

2. 重心左移，提起右脚向正南方向迈出，弓腿蹬撑。

身型身法：

1. 腰由正北方向向右转 135° ，转至东南方向。

2. 弓腿的同时继续右转，转至正南方向。

手型手法：

1. 两臂松拳变掌，左手下按，右手上掤，两臂在左侧成捋状。

2. 弓腿转腰的同时，右臂引、左臂随，两手环下弧握拳，右臂环至额头斜上方，拳眼向下，拳面向左击出，左臂环至腹部前方，拳眼向上，拳面向右击出。

定势动作：

1. 右弓腿向正南。

2. 上身、头部朝向正南方向。

3. 右拳在额头斜上方，拳眼向下，左拳在腹部前方，拳眼向上。

要点：

1．该式与左打虎式一左一右，左右对称。两臂合于左侧成捋状，再向右侧环弧。

2．腰带扣脚的时候两臂保持左打虎的姿势不动，重心左移的时候两臂再上下合成捋状。

3．先提腿跨步，踏实以后，再在腰的带动下弓腿蹬撑，同时，两臂同步环弧，做到腰带全身、合为一体。

推手内涵、技击攻防以及注意要点与左打虎式一致。

第四十八式　回身右蹬腿

接第四十七式。

招式详解：

1．左脚外摆 90°，重心左移，腰左转。（图 226）

2．右脚随之里扣 90°，左臂向上掤，右臂从右侧环下弧合十相搭。（图 227）

图 226

图 227

图 228

3．重心继续左移，提起右腿，蹬出右脚，分开两臂，随即收回右脚，保持提膝。（图 228）

步型步法：

1．左脚外摆 90°，脚尖朝向东北方向。

2．重心左移，腰带右脚里扣 90°，脚尖朝向正东方向。

3．顺势提起右腿，向正东（正前方）蹬出，随即收回，保持提膝的独立步姿势。

身型身法：

上身由正南向左转至东北方向，头部朝向正东方向。

手型手法：

1．左拳向上环臂，掤于胸前，右拳从右侧向下环弧，再环下弧掤于胸前，两臂合十相搭。

2．提膝的同时松拳变掌，蹬腿的同时两臂左右旋臂分开。

定势动作：

1．独立步向正东，左腿作为支撑腿朝向东北方向，右腿提膝朝向正东。

2．上身朝向东北方向，头部朝向正东方向。

3．右臂在右腿正上方，上下相对，左手在左侧。

技击攻防：

假设对方右拳击来，“我”回身顺势用左手格挡。

要点：

1．重心左移后，右脚应顺势扣回 90°，脚尖朝向正东方向，便于下一步提膝。

2．推手内涵与左蹬腿基本一致。

第四十九式　双峰贯耳

接第四十八式。

视频链接：请使用手机微信扫描二维码，观看该动作的示范讲解视频。（图 229）

图 229

招式详解：

1．半面向右转，左臂平环里屈，同时外旋使掌心朝上，两臂与肩同宽。（图 230）

2．坐左腿，落右腿；两臂屈肘回收。（图 231、图 232）

图 230

图 231

图 232

3．弓腿蹬撑，两臂从两侧旋臂环臂，握拳向上向前击出，两拳眼侧相对。（图 233、图 234）

图 233

图 234

步型步法：

1．左脚以脚跟为轴，向右拧转 45°，脚尖朝向正东方向。

2．松腰松胯坐左腿，向斜前方（脚尖朝东南方向）落右腿，弓腿蹬撑。

身型身法：

上身由东北方向向右转 90°，转至东南方向。头随身法转动。

手型手法：

1．两臂同时外旋里合，与肩同宽，掌心侧向上。

2．从两侧旋臂环臂，握拳，向前向上贯捶，两拳拳眼侧相对。

定势动作：

1．右弓腿向东南方向。

2．上身、头部与前脚方向一致，均朝向东南方向。

3．两拳在头顶斜前方，拳眼侧相对。

推手内涵：

四正手转分臂缠绕，对方按过来，“我”用肘化，推按对方。

技击攻防：

对方击拳过来，“我”双手环弧滚动化解，再击打对方头部。

要点：

1．向右转体 45° 的时候，支撑腿始终是左腿，因此左脚以脚跟为轴，脚掌微离地面。注意身体协调，避免重心不稳、摇摇晃晃。

2．两臂从两侧旋臂环臂向上的时候，注意保持沉肩坠肘，不宜耸肩。头保持中正，不宜低头驼背。

3．两臂从两侧旋臂环臂的时候，肘尖过腰线即可转，不宜再向后，保持含胸拔背。

4．双峰贯耳的完成，先转体，再坐腿落腿收两臂，最后弓腿蹬撑两拳击出。注意协调配合。

5．定势的时候两拳拳眼侧相对，不是正相对，注意手臂的位置和方向。

第五十式　左蹬腿

接第四十九式。

招式详解：

1．重心前移，环两臂合十相搭，提起左腿。（图 235、图 236）

图 235

图 236

图 237

2．勾起脚尖、蹬出左腿的同时，两臂左右分开。（图 237）

3．收回左腿，保持提膝。

步型步法：

重心前移，顺势提起左腿，勾起脚尖向正前方（正东方向）蹬出，随即收回，保持提膝的独立步姿势。

身型身法：

上身朝向东南方向。头部朝向正东方向。

手型手法：

两臂从两侧环下弧，掤于胸前，合十相搭，随蹬腿分开两臂。

定势动作：

1．右脚支撑腿朝向东南方向，左腿提膝朝向正东。

2．上身朝向东南方向，头部朝向正前方。

3．两臂左右两侧分开，左臂在左腿正上方，上下相对，右臂在左斜侧方。

推手内涵、技击攻防、注意要点与左蹬腿一致。

第五十一式　转身右蹬腿

接第五十式。

招式详解：

1．坐右腿，落左腿，左臂外旋变掤。（图 238）

2．沿顺时针转体 360°，落左脚。（图 239）

图 238

图 239

3．两臂合十相搭，重心左移，提起右腿，再蹬出右腿，两臂左右分开，随即收回右腿，保持提膝。（图 240、图 241）

图 240

图 241

步型步法：

1．坐右腿，左腿向斜后侧落（脚掌微离地面）。

2．腰带右脚以前脚掌为轴沿顺时针方向转动，左腿作为摆动腿，勾起脚尖随身法转动。

3．左脚顺势落至右脚中心线的左后侧，脚尖朝向东北方向，重心左移，提起右脚，勾起脚尖向正前方蹬出，随即收回，保持提膝的独立步姿势。

身型身法：

上身由东南方向沿顺时针方向转体，转至东北方向。头部朝向正东方向。

手型手法：

1．左臂外旋变掤，随身法摆动转体，两臂合十相搭。

2．蹬腿的时候分开两臂。

定势动作：

1．独立步向正东，左脚支撑腿朝向东北方向，右腿提膝朝向正东。

2．上身朝向东北方向，头部朝向正前方。

3．两臂左右两侧分开，右臂在右腿正上方，上下相对，左掌坐在左斜侧方。

要点：

1．左腿向斜后侧落的地方即为转身后左脚落脚的地方，落脚顺势朝向东北方向，为下一步提膝蹬腿做准备。

2．转体的过程中，支撑腿左右互换，因此右脚以前脚掌为轴拧转，左脚勾起脚尖摆动，类似于武术中扫堂腿的动作。

3．该式转体 360°，幅度较大，注意上下的配合协调，松腰，松胯，两臂左右拉开保持平衡。

推手内涵、技击攻防、注意要点与左蹬腿一致。

第五十二式　进步搬拦捶

接第五十一式。

招式详解：

1．坐左腿，落右腿，屈左臂，旋右臂。（图 242、图 243）

图 242

图 243

2. 重心前移，腰右转，击出左掌，挎右拳。（图 244）

图 244

图 245

3. 弓腿转腰，击出右拳，收回左掌。（图 245）

步型步法：

1. 坐左腿，右脚向中心线的右侧顺势打开 45° 落脚。
2. 重心前移，提起左脚正前跨，弓腿蹬撑。

身型身法：

上身由东北方向向右转 90° 至东南方向，再向左转 45° 转回正东方向。头部随身法转动。

手型手法：

1. 左臂里屈，右臂外旋。
2. 左臂前击，右臂收至腰际握拳，拳心朝上。
3. 向前击出右拳，收回左掌。

定势动作：

与第十四式进步搬拦捶一致。

要点：

右脚向前落的时候，打开 45°，斜向前方落脚，含有蹬踹的意味，同时也为下一步继续上步做弓步做好准备。

推手内涵、技击攻防与第十四式进步搬拦捶一致。

第五十三式　如封似闭

接第五十二式。与第十五式如封似闭一致。（图 246）

图 246

招式详解：

1. 腰微微左转，松右拳，外旋两臂，左手合于右臂大臂下方。

2. 腰右转，重心后移，两臂前后拉开。

3. 转正腰，两臂内旋合于胸前，弓腿的同时向前推按。

第五十四式　十字手

接第五十三式。与第十六式十字手一致。（图 247）

图 247

招式详解：

1. 重心后移，腰右转带左脚里扣 90°，右臂向右后侧拉开。

2. 重心左移，收回右脚变平行步，两臂从两侧环下弧，合十相搭掤于胸前。

第 17 式至第 54 式为第二小段，完整的示范演练可用手机微信扫描二维码观看学练。（图 248）

图 248

第五十五式　抱虎归山

接第五十四式。与第十七式抱虎归山一致。（图 249）

图 249

招式详解：

1. 重心略向右，腰带左脚里扣 90°；重心左移，环左臂坐掌，右臂旋臂拦掌，提腿迈步；转腰，屈左臂，搂右臂，弓腿，击左掌，收右掌。

2. 重心左移，腰左转，左臂外旋变掤，右手屈臂上搭，随腰向左捋。

3. 腰微微右转，两臂旋，左手搭在右小臂上，弓腿向前挤出。

4. 转正腰，分开两臂，重心后移，屈两臂，收两掌，再弓腿向前，推出两臂。

第五十六式　斜单鞭

接第五十五式。与第四式单鞭一致，方向由西北转向东南方向。（图250）

图 250

招式详解：

1. 重心后移，两臂放平，腰左转带右脚里扣 135°，左臂引、右臂随，上肢向左后侧转，转至正东偏南。

2. 重心右移，腰右转，摆正左脚，右臂引、左臂随，上肢转回右斜前方（正南偏西），右手做勾手，左手旋臂变掤。

3. 提起左脚向左侧斜前方（东南方向）跨步，弓腿转腰，旋臂击掌。

第五十七式　右野马分鬃

接第五十六式。

视频链接：请使用手机微信扫描二维码，观看该动作的示范讲解视频。（图 251）

图 251

招式详解：

1. 重心后移，腰右转带左脚里扣 90°，左臂平环里屈。（图 252）

2. 重心左移，提起右脚向正前上步，脚尖稍微向外打开，松勾手，两臂合于左侧。（图 253、图 254）

图 252

图 253

图 254

3. 弓腿的同时两臂左右拉开。（图 255）

图 255

步型步法：

1. 重心后移，腰带左脚里扣 90°。

2. 重心左移，提起右脚在正西偏北方向稍开落脚，弓腿蹬撑。

身型身法：

1. 上身由正南方向向右转至西南方向，弓腿的同时继续右转至正西方向。

2. 眼看右手的方向。

手型手法：

1. 左臂随腰平环里屈，右手松勾手，合于左臂下方，两掌心侧相对。

2. 弓腿的同时两臂左右拉开。

定势动作：

1. 右弓步在正西偏北的方向，左脚脚尖指向西南方向。

2. 上身在正西方向，眼看右手的方向。

3. 右臂与右腿上下相对，掌心侧向上；左掌按在左胯前，指尖向前，掌心向下。

推手内涵：

四正手分开对方，左手採，右手掤起，斜方向向对方击出，反之亦然。

技击攻防：

假设对方右拳击来，“我”环右臂接对方右拳，倒到左手，右臂顺势掤起对方，斜方向将对方推出。反之亦然。

要点：

1. 野马分鬃的定势动作与斜飞势相似，但招式的衔接以及用法内涵有所不同。斜飞势跨度较大，手法大开大合，用小臂以挒劲横击右后侧对方的颈部，而野马分鬃的动作多为正面，技法主要体现在掤劲上，攻击对方腋下。

2. 野马分鬃的弓步，其两脚的夹角在 60° 左右，前脚落脚都是正前稍偏大约 20°，接下一式开脚再外摆至 45°。

3. 直接旋臂合臂的时候，注意肘尖下坠，不宜悬肘。

4. 野马分鬃可以做三组，也可以做五组或者一组，只要是单数组即可，以便于之后动作的衔接。

第五十八式　左野马分鬃

接第五十七式。

招式详解：

1. 重心略向后，腰带右脚稍向外摆。（图 256）

2. 重心右移，两臂旋臂合，左脚向前跨步。（图 257、图 258）

图 256

图 257

图 258

3. 弓腿的同时两臂左右拉开。（图 259）

图 259

步型步法：

1. 重心略向后，腰带右脚外摆至 45°（脚尖朝西北方向）。

2. 重心右移，提起左脚向正西偏南方向落脚，弓腿蹬撑。

身型身法：

上身先向右再向左转，头部随身法转动，眼看左手的方向。

手型手法：

1. 随腰转动，右臂内旋，左臂外旋，两臂合于右侧，掌心侧相对。

2. 弓腿的同时两臂左右拉开。

定势动作：

1. 左弓步在正西偏南的方向，右脚脚尖指向西北方向。

2. 上身在正西方向，眼看左手的方向。

3. 左手与左腿上下相对，掌心侧向上，右掌按在右胯前，指尖向前。

推手内涵、技击攻防与右野马分鬃一致。

第五十九式 右野马分鬃

接第五十八式。

招式详解：

1. 重心略向后，腰带左脚稍向外摆。（图 260）

2. 重心左移，两臂旋臂合，上右脚。（图 261）

3. 弓腿的同时两臂左右拉开。（图 262）

图 260

图 261

图 262

步型步法：

1. 重心略向后，腰带左脚外摆至 45°（脚尖朝西南方向）。

2. 重心左移，提起右脚在正西偏北方向落脚，弓腿蹬撑。

身型身法：

上身先向左再向右转动，头部随身法转动，眼看向右手的方向。

手型手法：

1. 随腰转动，左臂内旋，右臂外旋，两臂合于左侧，掌心侧相对。

2．弓腿的同时两臂左右拉开。

定势动作：

1．右弓步在正西偏北的方向，左脚指向西南方向。

2．上身在正西方向，眼看向右手的方向。

3．右手与右腿上下相对，掌心侧向上，左掌按在左胯前，指尖向前。

推手内涵、技击攻防、注意要点与第五十七式右野马分鬃一致。

第六十式　揽雀尾

接第五十九式。

招式详解：

1．重心略向左，腰带右脚里扣。（图 263）

2．重心右移，两臂旋臂合。（图 264）

3．提起左脚向正前方迈，弓腿转腰的同时两臂上下拉开。（图 265）

图 263

图 264

图 265

4．右掤、捋、挤、按与第三式揽雀尾一致。（图 266、图 267、图 268、图 269）

图 266

图 267

图 268

图 269

步型步法：

1. 重心左移，腰左转带右脚里扣至西南方向。

2. 重心右移，提起左脚向正南方向迈步，脚跟、脚掌依次落地，弓腿蹬撑。

3. 右掤、捋、挤、按的衔接与第三式揽雀尾一致。

身型身法：

1. 上身由正西方向向左转，再由左向右转至西南方向。

2. 头部随身法转动，看向左臂的方向。

3. 右掤、捋、挤、按的转换身法与第三式揽雀尾一致。

手型手法：

1. 腰左转，两臂随腰摆动。

2. 腰右转，右臂内旋，左臂外旋，两掌掌心侧相对，弓腿的同时两臂上下拉开。

3. 右掤、捋、挤、按的手法与第三式揽雀尾一致。

定势动作以及推手内涵、技击攻防、注意要点均与第三式揽雀尾的左掤、右掤、捋、挤、按一致。

第六十一式　单鞭

图 270

接第六十式。与第四式单鞭一致。（图 270）

招式详解：

1. 重心后移，两臂放平，腰左转带右脚里扣 135°，左臂引、右臂随，上身转到左后侧。

2. 重心右移，腰右转，摆正左脚，右臂引、左臂随，上身转回右斜前方，右手做勾手，左手旋臂变掤。

3．提起左脚向左侧正前方跨步，弓腿转腰，旋臂击掌。

第六十二式　玉女穿梭

接第六十一式。

视频链接：请使用手机微信扫描二维码，观看该动作的示范讲解视频。（图 271）

图 271

招式详解：

1．重心后移，腰右转带左脚里扣 135°，左臂平环；重心左移，提起右脚原地摆扣 135°，腰左转，右手松勾手，外旋两臂，左臂合于右臂大臂下方；重心右移，提起左脚向左斜前方跨步，腰右转，两臂前后拉开；弓腿蹬撑的同时，腰左转，左臂上架，右臂前击。（图 272～图 275）

图 272

图 273

图 274

图 275

2．重心后移，两臂捋平；腰右转带左脚里扣 135°，两臂平环，外旋，右臂合于左臂大臂下方；腰左转，两臂前后拉开，提起右脚向斜后侧跨步；腰右转，弓腿蹬撑，右臂上架，左臂前击，扣回左脚。（图 276～图 279）

图 276

图 277

图 278

图 279

3．重心后移，两臂放平，提起右脚原地摆扣 45°；腰左转，两臂外旋平环，左臂合于右臂大臂下方；重心右移，腰右转，两臂前后拉开，提起左脚向左斜前方跨出；弓腿转腰的同时，左臂上架，右臂前击。（图 280～图 283）

图 280

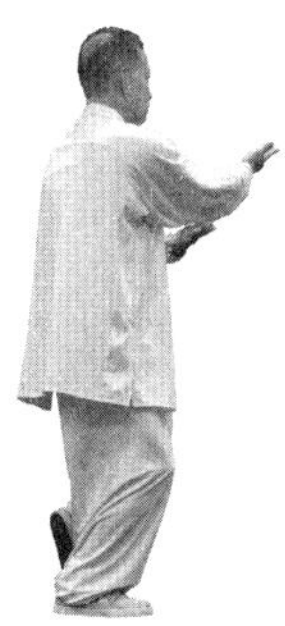

图 281

图 282

图 283

4．重心后移，两臂捋平；腰右转带左脚里扣 135°，两臂平环，外旋，右臂合于左臂大臂下方；腰左转，两臂前后拉开，提起右脚向斜后侧跨步；腰右转，弓腿蹬撑，右臂上架，左臂前击，扣回左脚。（图 284～图 289）

图 284

图 285

图 286

图 287

图 288

图 289

步型步法：

1．重心后移，腰右转带左脚里扣 135°，脚尖朝向西南方向；重心左移，提起右脚原地摆扣 135°，脚尖朝向正西方向；重心右移，提起左脚向左斜前方（西南方向）上步，弓腿蹬撑。

2. 重心后移，腰右转带左脚里扣 135°（正北方向）；重心左移，提起右脚向斜后侧（东南方向）跨步，脚跟、脚掌依次落地，弓腿转腰蹬撑的同时，左脚以脚跟为轴里扣 90°（正东方向）。

3. 重心左移，提起右脚原地摆扣 45°（正东方向）；重心右移，提起左脚向左斜前方（东北方向）上步，弓腿蹬撑。

4. 重心后移，腰右转带左脚里扣 135°，脚尖朝正南方向；重心左移，提起右脚向斜后侧（西北方向）跨步，脚跟、脚掌依次落地，弓腿转腰蹬撑的同时，左脚以脚跟为轴里扣 90°（正西方向）。

身型身法：

1. 第一组左玉女穿梭，上身由东南方向向右转至西南方向，摆扣右脚的时候腰左转，上左脚的时候腰右转，弓腿蹬撑的时候腰再左转，上身、头部都朝向西南方向。

2. 第二组右玉女穿梭，上身沿顺时针方向先向右转至正北方向，再微微左转，随重心向右后侧转至东南方向。

3. 第三组左玉女穿梭，上身先向左转 45° 到正东，再微微右转，再向左转至东北方向。

4. 第四组右玉女穿梭，上身沿逆时针方向先向右转至正南方向，再微微向左，随重心向斜后侧转至西北方向。

四组玉女穿梭的上身、头部方向依次为西南、东南、东北、西北。

手型手法：

1. 左臂随腰转动平环里屈；右手松勾手，两臂同时外旋，手心向上，左手合于右手大臂下方；两臂前后拉开；左臂内旋上架至额头斜前方，掌心向前，右臂内旋、掌心向前击出。

2. 随重心移动，两臂捋下来放平，与肩同高；随腰平环，外旋两臂，手心向上，右臂合于左臂大臂下方；前后拉开；右臂内旋上架至额头斜前方，掌心向上，左臂内旋、掌心向前击出。

3. 两臂捋至与肩同高；外旋手心向上，左臂合于右手大臂下方；两臂前后拉开；左臂旋臂上架，右臂旋臂前击。

4. 随重心移动，两臂捋平；随腰平环，外旋两臂，右臂合于左臂大臂下方；前后拉开；右臂旋臂上架，左臂旋臂前击。

定势动作：

1. 左玉女穿梭，左弓腿在斜前方；上身、头部与前腿方向一致；左臂在额头斜前方，右手在右肩前。

2. 右玉女穿梭相反。

3. 第一组、第三组为左玉女穿梭，上身、头部分别朝向西南、东北方向。

4. 第二组、第四组为右玉女穿梭，上身、头部分别朝向东南、西北方向。

推手内涵：

四正手捋的时候，一手上架，含胸松腰，对方退的时候，顺势推对方出去。反之亦然。

技击攻防：

在对方两臂按或单臂按时都是接住对方手后向上掤架，另一手向对方击出。

要点：

1. 玉女穿梭共有四组，分别在四个斜对角方向，依次为西南、东南、东北、西北四个角。

2. 第二、第四组玉女穿梭的转体幅度较大，提腿跨步不能一次完成，先转身，左脚里扣 135°，向斜后侧跨出右脚，转身弓腿的同时，继续扣左脚 90°。转体、扣脚一定要到位，保证方位准确。

3. 定势的方向虽然在四个角，立身仍需中正，不偏不倚。

第六十三式　揽雀尾

接第六十二式。

招式详解：

1. 重心略向左，腰带右脚扣，两臂捋平，左臂旋臂变掤。

2. 重心右移，两臂合，提起左脚向正前方跨，弓腿的同时两臂左右拉开。（图 290）

图 290

3．右掤、捋、挤、按的招式详解与第三式揽雀尾一致。（图 291～图 294）

图 291

图 292

图 293

图 294

步型步法：

1．重心左移，腰带右脚里扣 90°。

2．重心右移，提起左脚向正南方向迈步，脚跟、脚掌依次落地，弓腿蹬撑。

3. 右掤、捋、挤、按的步法与第三式揽雀尾一致。

身型身法：

1. 上身由西北方向先向左转至正南方向，再由左向右转至西南方向。

2. 右掤、捋、挤、按的身法与第三式揽雀尾一致。

手型手法：

1. 两臂随腰捋平，左臂外旋变掤，两臂合于胸前，掌心侧相对，弓腿的同时两臂上下拉开。

2. 右掤、捋、挤、按的手法与第三式揽雀尾一致。

定势动作、推手内涵、技击攻防以及注意要点均与第三式揽雀尾一致。

第六十四式　单鞭

接第六十三式。与第四式单鞭一致。（图 295）

招式详解：

1. 重心后移，两臂放平，腰左转带右脚里扣 135°，左臂引、右臂随，上肢转到左后侧。

2. 重心右移，腰右转，摆正左脚，右臂引、左臂随，上肢转回右斜前方，右手做勾手，左手旋臂变掤。

3. 提起左脚向左侧正前方跨步，弓腿转腰，旋臂击掌。

图 295

第六十五式　左右云手（一）

接第六十四式。与第三十二式左右云手（一）一致。（图 296、图 297）

图 296

图 297

招式详解：

1. 重心右移，腰带左脚里扣 90°，左臂平环里屈。

2. 重心左移，腰左转，左臂环上弧，右手松勾手环下弧，收回右脚变平行步。

3. 重心右移，腰右转，提起左脚向左侧横跨，右臂环上弧，左臂环下弧。

第六十六式　左右云手（二）

接第六十五式。与第三十三式左右云手（二）一致。（图 298、图 299）

图 298

图 299

招式详解：

1. 重心左移，腰左转，左臂上环，右臂下环，收回右脚变平行步。

2. 重心右移，腰右转，提起左脚向左侧横跨，右臂上环，左臂下环。

第六十七式　左右云手（三）

接第六十六式。与第三十四式左右云手（三）一致。（图 300、图 301）

图 300

图 301

招式详解：

1. 重心左移，腰左转，左臂上环，右臂下环，提起右脚向斜前方（脚尖朝东南方向）跨步。

2. 重心右移，右臂上环至右肩前坐掌，左臂下环至胸前掤臂。

第六十八式　单鞭

接第六十七式。与第三十五式单鞭一致。（图 302）

招式详解：

右手做勾吊手，提起左脚向左侧（正东方向）跨，弓腿转腰，旋臂击掌。

图 302

第六十九式　下势

接第六十八式。

视频链接：请使用手机微信扫描二维码，观看该动作的示范讲解视频。（图 303）

图 303

招式详解：

打开右脚，后移重心，屈左臂，屈膝下蹲，向前穿出左掌。（图 304、图 305）

图 304

图 305

步型步法：

右脚向外摆 90°，脚尖朝向西南方向，沿着右脚脚尖的方向向后移动重心，向下屈蹲，成仆步。

身型身法：

上身朝向东南方向，头部朝向正东方向。

手型手法：

1．左臂里屈，手腕向下垂吊，指尖朝前，掌心朝右，向前穿出。

2．右手保持勾吊手的姿势和位置不变。

定势动作：

1．仆步朝向正东，重心在右腿上。

2．上身斜向右前方（东南方向），头部朝向正前方。

3．右手勾吊手，左手位于左腿内侧，掌心向右，指尖向前。

推手内涵：

四正手逆时针的时候，拉开，屈蹲，肩靠对方。主要练劲法，如採劲和靠劲。

技击攻防：

1．对方右手拿“我”左臂，“我”屈臂下切。

2．对方右拳击来，“我”左手抓採，向后拉，再捋。

3．引回对方进攻的手，化解对方进攻的力。

要点：

1．该式架位较低，须向下坐腿，要注意上身勿向前倾，也不宜低头，臀宜内敛。

2．仆步向下的时候，右脚外摆 90°，右腿沿着右脚的方向移动，不宜跪膝。

3．左臂随重心的后移向后屈臂，经胸前收至腹前至左腿内侧，幅度不宜过大，随身法顺势屈肘即可。

4．右手勾吊手始终保持在右后侧。

5．若觉得架位太低，难以下蹲，架位也可高一些，其余要点保持到位即可。

6．左手手腕有向下垂吊、勾吊之意，习练的时候需要注意。

第七十式　右金鸡独立

接第六十九式。

视频链接：请使用手机微信扫描二维码，观看该动作的示范讲解视频。（图 306）

图 306

招式详解:

1. 前移重心，右脚里扣。(图 307)

图 307

图 308

2. 重心稍向后，腰带左脚开，左臂随之外摆。(图 308)

3. 前移重心，提起右腿，右手松开勾吊手，随身法由下向上托起，左手向下按至左胯旁。(图 309)

图 309

步型步法:

1. 重心前移，右脚里扣 90°，脚尖朝向东南方向。

2. 重心略向后，腰带左脚打开 45°，脚尖朝向东北方向。

3. 重心前移，向正东方向提起右腿，呈独立步。

身型身法:

上身由东南方向向左转至东北方向。

手型手法:

1. 左臂随腰向左侧外摆。

2. 向前提膝的同时右臂向上挑起，掌心朝左，虎口朝上，左臂向下采按至左胯旁。

定势动作:

1. 左腿为支撑腿，脚尖朝斜方向（东北方向）站立，右腿向正前方（正东方向）提起。

2. 上身朝向左斜前方（东北方向)，头部朝向正前方。

3. 右手坐于右腿上方，掌心向左；左手按在左胯旁，掌心向下。

推手内涵:

四正手转分臂缠绕，一手採，一手托。

技击攻防：

对方左拳击来，“我”右手接，顺势提左膝攻击对方裆部，右手上托对方左臂。

要点：

1．起身之后，先扣回右脚，再打开左脚；重心左移后，左腿坐实、坐稳之后，再提膝，身体会比较平衡。

2．独立步提膝的时候，两脚呈丁八的关系，即一只脚脚尖向正前方向，另一只脚脚尖向斜前方向，有助于独立步的平稳、平衡。

3．金鸡独立意在以膝顶对方腹部，脚踢对方下身，用意在提起来的腿上，左右皆一样。

4．该式在下势的基础上衔接，由低架位到高架位，跨度较大，尤其需要下肢的功力，练习的时候注意肢体协调，以腰带动四肢，做到上下相随、内外相合，习练得当。

5．向上提膝的时候绷直脚面，小腿向内合，护裆。

第七十一式　左金鸡独立

接第七十式。

招式详解：

1．坐左腿，向后撤步落右腿。（图 310）

2．后移重心，提起左腿，左臂上挑，右臂下采。（图 311、图 312）

图 310

图 311

图 312

步型步法：

1．坐左腿，向后撤步落右腿。

2．脚掌、脚跟依次落地后，后移重心，顺势提起左腿。

身型身法：

上身由东北方向向右转至东南方向，眼看向正前方。

手型手法：

提左膝的时候，左臂向上挑起，掌心朝右，虎口向上，右臂向下採按至右胯旁。

定势动作：

1. 右腿为支撑腿，朝斜方向（东南方向）站立，左腿向正前方（正东方向）提起。

2. 上身朝向右斜前方（东南方向），头部朝向正前方。

3. 左手坐于左腿上方，掌心向右，右手按在右胯旁。

要点：

后移重心提左腿的时候，注意先将左脚以脚跟为轴扣正，切记不可碾脚掌。

推手内涵、技击攻防与右金鸡独立一致。

第七十二式　右倒撵猴

接第七十一式。

招式详解：

1. 坐右腿，向后撤步落左腿，右臂环臂屈臂，左臂外旋。

2. 后移重心，腰带摆正前脚，击出右掌，收回左掌。（图 313）

图 313

步型步法：

1. 松腰、松胯，坐右腿，向后撤步落左腿，左脚在中心线的左侧脚掌、脚跟依次落地。

2. 重心后移，腰带右脚里扣 45° 摆正，全脚掌着地呈虚实步。

身型身法：

1. 上身由东南方向（右斜前方）向左转至东北方向（左斜前方）。

2. 头部始终朝向正前方。

手型手法：

1. 右臂外旋，向右后侧环臂坐掌。

2. 右臂里屈；左臂外旋，掌心向上。

3. 向前击出右掌，收回左掌至左胯旁，掌心向上。

要点：

1. 先松胯向下，不宜跪膝、前倾。

2. 向后撤步的时候，与之前的倒撵猴一致，左脚在中心线的左侧，顺势打开 45° 后落脚。

3. 重心后移之后，注意以腰带，前脚以脚跟为轴摆正，全脚掌落地，呈虚实步。

定势动作、推手内涵、技击攻防也与第十九式右倒撵猴一致。

第七十三式　左倒撵猴

接第七十二式。与第二十式左倒撵猴一致。（图 314）

图 314

招式详解：

1. 环左臂坐掌，旋右臂。

2. 屈左臂，撤右腿。

3. 后移重心的同时摆正前脚，腰带击出左掌，收回右掌。

第七十四式　右倒撵猴

接第七十三式。与第二十一式右倒撵猴一致。（图 315）

图 315

招式详解：

1. 右臂环臂坐掌。

2. 旋左臂，屈右臂，提左腿撤步。

3. 后移重心的同时摆正前脚，腰带击出右掌，收回左掌。

第七十五式　斜飞势

图 316

接第七十四式。与第二十二式斜飞式一致。（图316）

招式详解：

1. 两臂旋臂、环臂倒手合，提起右脚向斜后侧（西南方向）跨步。

2. 弓腿转腰的同时，两臂左右拉开。

第七十六式　提手上势

图 317

接第七十五式。与第二十三式提手上势一致。（图317）

招式详解：

1. 重心右移，左脚向前垫半步，脚尖朝东南方向，两臂里屈。

2. 重心后移，提起右脚向正前跨，在中心线右侧脚跟着地，腰左转，两臂合。

第七十七式　白鹤亮翅

图 318

接第七十六式。与第六式白鹤亮翅一致。（图 318）

招式详解：

1. 两臂旋臂环臂倒手合，提起右脚原地摆扣45°。

2. 重心右移，提起左脚向左侧正前方（正东方向）跨步，前脚掌着地，右臂旋臂上架，左臂收至左胯旁。

第七十八式　左搂膝拗步

图 319

接第七十七式。与第七式左搂膝拗步一致。（图319）

招式详解：

1. 腰右转带右臂由上向下旋臂变掤，左臂由下向上提拉至胸前。
2. 腰继续右转，向右后侧环右臂坐掌，拦左臂。
3. 提起左脚向左侧跨步。
4. 转腰屈右臂，搂左臂。
5. 弓腿的同时击出右掌，收回左掌。

第七十九式　海底针

接第七十八式。与第二十六式海底针一致。（图320）

图 320

招式详解：

1. 重心前移，右脚向前垫半步，右手外旋变垂吊手。
2. 重心后移，腰右转，右臂向斜后侧拉，提起左臂，左脚原地变脚跟着地。
3. 提起左脚原地变前脚掌着地，转正腰，折腰向下，右手指尖向下插，左手随身法收至左小腿旁。

第八十式　扇通臂

接第七十九式。与第二十七式扇通臂一致。（图321）

图 321

招式详解：

1. 提起上身，腰右转，旋右臂、搭左臂。
2. 提起左脚向左侧跨步。
3. 弓腿的同时左臂前击，右臂拉至右耳旁。

第八十一式　转身白蛇吐信

接第八十式。

视频链接：请使用手机微信扫描二维码，观看该动作的示范讲解视频。（图322）

图 322

招式详解：

1. 重心后移，腰右转带左脚里扣 135°，左臂向上环，右手向下採按。（图 323）

2. 重心左移，提起右脚向右侧正前方迈出，左臂下屈，右手握拳，正面撇出，松拳变掌。（图 324）

3. 向前弓腿蹬撑，击出左掌，收回右掌至腰间，掌心向上。（图 325）

图 323

图 324

图 325

步型步法：

1. 重心后移，腰右转带左脚里扣 135°。

2. 重心左移，提起右脚向正前方（正西方向）迈出，脚跟、脚掌依次落地，弓腿蹬撑。

身型身法：

1. 上身由右斜前方（东南方向）先向右后侧转 135° 至西南方向，再向右转至正西方向。

2. 头部随身法转动。

手型手法：

1. 左臂上环，右臂下採。

2. 左臂下屈，右手握拳拳背正面撇出，再松拳变掌。

3. 击出左掌，收回右掌至腰间，掌心向上。

定势动作：

1. 右弓腿向正西。

2. 上身、头部朝向正西方向。

3. 左掌前击，右掌收至腰旁，掌心向上。

技击攻防：

拳击对方，对方闪躲后，迅速松拳变掌，穿对方喉部。

要点：

该式练习方法与转身撇身捶基本一致，只是在转身之后，右手先握拳以拳背击出之后，再松拳变掌，用手背击打对方面部，这就是“白蛇吐信”之意。转身白蛇吐信与转身撇身捶只有掌和拳的区别，定势动作也是右掌以掌心向上收至腰旁。其他均可参照转身撇身捶。

推手内涵与转身撇身捶一致。

第八十二式　进步搬拦捶

接第八十一式。

招式详解：

1. 重心后移，腰左转，左臂外旋变掤，右掌屈臂前击。

2. 重心继续左移，收回右脚，腰带左臂向左后侧环臂坐掌，右掌向下捋采至腹部前方握拳，拳心向下。

3. 提起右脚向正前方中心线的右侧打开 45° 后落脚，重心前移，腰右转，仰腕搬出右拳，屈回左臂。

4. 重心继续前移，提起左脚向前跨步，腰右转，击出左掌，右拳挎回收至腰际，拳心向上。

5. 弓腿转腰的同时，向前击出右拳，左掌里屈，掌心向右坐于胸前。（图 326）

图 326

要点：

1. 此式也是重复动作，但与第二十九式转身撇身捶接进步搬拦捶的衔接方法有所不同，右手是掌，先屈臂前击，再向下捋采握拳。

2. 进步搬拦捶在整个传统套路中重复多次，有几种不同的衔接方法，习练的过程中多加区分。

第八十三式　上步揽雀尾

接第八十二式。与第三十式一致。（图 327）

图 327

招式详解：

1．重心略向后，腰带左脚开，左臂外旋变掤，右手松拳变掌下按。

2．前移重心，两臂旋臂合，上右脚，弓腿的同时两臂上下拉开。

3．捋、挤、按与第三式揽雀尾一致。

第八十四式　单鞭

接第八十三式。与第四式一致。（图 328）

图 328

招式详解：

1．重心后移，两臂放平，腰左转带右脚里扣 135°，左臂引、右臂随，上肢转到左后侧。

2．重心右移，腰右转，摆正左脚，右臂引、左臂随，上肢转回右斜前方，右手做勾手，左手旋臂变掤。

3．提起左脚向左侧正前方跨步，弓腿转腰，旋臂击掌。

第八十五式　左右云手（一）

接第八十四式。与第三十二式一致。（图 329、图 330）

图 329

图 330

招式详解：

1. 重心右移，腰带左脚里扣 90°，左臂平环里屈。

2. 重心左移，腰左转，左臂环上弧，右臂环下弧，收回右脚变平行步。

3. 重心右移，腰右转，提起左脚向左侧横跨，右臂环上弧，左臂环下弧。

第八十六式　左右云手（二）

接第八十五式。与第三十三式一致。（图 331、图 332）

图 331

图 332

招式详解：

1. 重心左移，腰左转，左臂环上弧，右臂环下弧，收回右脚变平行步。

2. 重心右移，腰右转，提起左脚向左侧横跨，右臂环上弧，左臂环下弧。

第八十七式　左右云手（三）

接第八十六式。与第三十四式一致。（图 333、图 334）

图 333

图 334

招式详解：

1．重心左移，腰左转，左臂环上弧，右臂环下弧，提起右脚向斜前方跨步，脚尖朝东南方向。

2．重心右移，右臂环上弧至右斜前方坐掌，左臂环下弧至胸前掤臂。

第八十八式　单鞭

图 335

接第八十七式。与第三十五式一致。（图 335）

招式详解：

右手做勾吊手，提起左脚向左侧跨，弓腿转腰，旋臂击掌。

第八十九式　高探马穿掌

接第八十八式。

招式详解：

1．腰右转，重心后移，右臂松勾手微坐掌里屈，左臂外旋。

2．收回左脚变虚实步，右臂前击，左臂收至左肋旁。（图 336）

图 336

图 337

图 338

3．提起左脚向左侧跨步，弓腿的同时，左臂前穿，右手收至左手大臂下方。（图 337、图 338）

步型步法：

1．重心后移，左脚向后、向右收半步，前脚掌落地呈虚实步。

2．提起左脚向左侧跨半步，弓腿蹬撑。

身型身法：

上身由东南方向先向左转至正东，再向右转回东南方向。

手型手法：

1. 右手松开勾吊手，微坐掌，平屈，左臂同时外旋。

2. 右手用掌沿外侧前击，左手收至左肋旁，掌心向上。

3. 弓腿的同时左手经过右掌上方，掌心斜向上穿出，右手收至左臂大臂下方，掌心向下。

定势动作：

1. 左弓腿向正东（正前方）。

2. 上身朝向东南方向（右斜前方），头部朝向正东方向。

3. 左手掌心向上穿出，略高于肩；右手按在左手大臂下方，掌心向下。

技击攻防：

假设对方右拳击来，“我”用左手拉回对方右臂，右掌击打对方喉部；对方左掌再向前击来，“我”顺势用右臂抓採，左掌再击对方喉部。

要点：

1. 高探马穿掌一个招式里包含高探马和穿掌两个内容，高探马与第三十六式的习练方法一致；在高探马的基础上做穿掌。

2. 穿掌的衔接注意步法由虚步变为弓步，左腿需提起来向左前方跨步，不宜在高探马左虚步的基础上直接弓腿。

推手内涵与高探马一致。

第九十式　转身十字腿

接第八十九式。

招式详解：

1. 重心后移，腰带左脚里扣 135°。（图 339）

图 339

图 340

图 341

2. 重心左移，提起右脚，右臂外旋变掤，搭在左臂外侧。（图 340）

3. 勾起脚尖、蹬出右脚，分开两臂。（图 341）

4. 收回右脚，保持提膝。（图 342）

图 342

步型步法：

1. 重心后移，腰右转带左脚里扣 135°，脚尖朝向西南方向。

2. 重心左移，提起右脚，勾起脚尖向正前蹬出；收回右脚，保持提膝。

身型身法：

上身由东南方向向右转至西南方向。头部随身法转动，朝向正西方向。

手型手法：

1. 两臂随转身保持不动。

2. 重心左移的同时，右臂外旋变掤，合于左臂外侧。

3. 蹬腿的同时两臂旋臂左右拉开。

定势动作：

1. 左腿支撑腿朝向西南方向，右腿朝正西方向蹬出。

2. 上身朝向西南方向，头部朝向右腿的方向。

3. 右臂在右腿上方，上下相对，左臂在左斜后侧。

要点：

1. 十字腿的动作与右蹬腿一致，衔接上略有不同，注意加以区分。

2. 十字腿转身之后，右掌有向对方胸部击打之意，与之前的蹬脚有所不同。

推手内涵、技击攻防与右蹬腿一致。

第九十一式　进步指裆捶

接第九十式。

招式详解：

1. 坐左腿，右脚向中心线右侧顺势打开 45° 落脚。（图 343、图 344）

图 343

图 344

2．重心右移，左臂平环，右手握拳收于腰间，拳心向上，提起左脚向前跨步。（图 345、图 346）

图 345

图 346

图 347

3．弓腿转腰，搂左臂，击右拳。（图 347）

步型步法：

1．松腰松胯坐左腿，右腿向正前方中心线右侧打开 45°（西北方向）落脚。

2．重心前移，提起左脚向正前方上步，脚跟、脚掌依次落地，弓腿蹬撑。

身型身法：

上身由西南方向向右转 90°，至西北方向；再由右向左转至正西方向。头部随身法转动。

手型手法：

1．左臂随腰平环，右手外旋顺势握拳收于腰间，拳心向上，左臂拦。

2．弓腿蹬撑的同时左臂搂至左膝旁，右拳内旋，拳面向前，向对方裆部击出。

定势动作：

1．左弓腿向正西。

2．上身、头部均朝向正西。

3．左手位于左膝旁，右拳拳面向前，与裆高。

要点：

1．指裆捶的习练与进步栽捶相似，但拳面的方向有所不同。指裆捶以拳面朝正前击打对方的裆部，而进步栽捶则是拳面斜向下击打对方大腿。

2．进步搬拦捶与胸高，拳面是平的；进步栽捶斜向下。进步指裆捶则介于两者之间。

推手内涵、技击攻防与进步栽捶一致。

第九十二式　上步揽雀尾

接第九十一式。

招式详解：

1．重心略向后，腰带左脚打开 45°，左臂外旋上掤，右手松拳变掌下採。（图 348）

2．重心前移，提起右脚向前跨步，腰左转，两臂同时旋臂合于左侧。（图 349、图 350）

3．弓腿蹬撑，两臂上下拉开成右掤。（图 351）

图 348

图 349

图 350

图 351

4．捋、挤、按与第三式揽雀尾一致。（图 352）

图 352

步型步法：

1．重心略向后，腰带左脚打开 45°。

2．重心前移，提起右脚向前上步，脚尖朝向正西。

3．弓腿蹬撑。

4．捋、挤、按与第三式揽雀尾一致。

身型身法：

1．腰由正前方（正西方向）向左转 45° 至西南方向。

2．捋、挤、按与第三式揽雀尾一致。

手型手法：

1．左臂随腰外旋向上掤起，右手松拳变掌向下采按。

2．左臂内旋、右臂外旋，两臂合于左侧。

3．两臂上下拉开，右手向上掤至胸前，左手向下按在右手肘腕下方，间隔一拳的距离。

4．捋、挤、按与第三式揽雀尾一致。

要点：

第九十二式上步揽雀尾是在进步指裆捶的基础上衔接的，与之前进步搬拦捶之后的衔接略有不同，稍加注意即可。

图 353

第九十三式　单鞭

接第九十二式。与第四式一致。（图 353）

招式详解：

1．重心后移，两臂放平，腰左转带右脚里扣

135°，左臂引、右臂随，上肢转到左后侧。

2．重心右移，腰右转，摆正左脚，右臂引、左臂随，上肢转回右斜前方，右手做勾手，左手旋臂变掤。

3．提起左脚，向左侧正前方跨步，弓腿转腰，旋臂击掌。

第九十四式　下势

接第九十三式。与第六十九式一致。（图 354）

招式详解：

打开右脚，后移重心，屈左臂，屈膝下蹲，向前穿出左掌。

图 354

第九十五式　上步七星

接第九十四式。

视频链接：请使用手机微信扫描二维码，观看该动作的示范讲解视频。（图 355）

图 355

招式详解：

1．重心前移，右脚里扣。（图 356）

图 356

图 357

图 358

2．重心稍向后，打开左脚。

3．前移重心，右手松勾手握拳，右脚向前上步，前脚掌着地，双拳前击。（图 357、图 358）

步型步法：

1．重心前移，右脚里扣 90°，脚尖朝向东南方向。

2. 重心略向后，腰带左脚打开 45°，脚尖朝向东北方向。

3. 重心前移，提起右脚向正前上步，虚实步前脚掌着地。

身型身法：

上身由东南先向左转至东北方向，再向右转至正东。头部随身法转动。

手型手法：

1. 左臂随腰外摆，右手松开勾吊手微微坐掌，平屈。

2. 双手握拳，两臂合，向前击拳，拳眼向里。

定势动作：

1. 右虚步向正东。

2. 上身、头部朝向正前方（正东方向）。

3. 双拳拳眼向里，合于胸前。

推手内涵：

对方一拳击来，“我”双手架挡。可以提腿。

技击攻防：

对方右拳击来，“我”双拳同时前击架挡对方，脚下虚步顺势踢对方。

要点：

1. 上步七星以双拳同时向前击出，不宜做简单的摆出，通过腰结合下肢，做出向前击打之意。

2. 由仆步起身向前上步，注意虚实分清，保持身体平衡。

3. 该式定势动作为虚实步，前脚为前脚掌着地，上身、头部都朝向正前方。

第九十六式　退步跨虎

接第九十五式。

视频链接：请使用手机微信扫描二维码，观看该动作的示范讲解视频。（图 359）

图 359

招式详解：

1. 撤右腿，右拳外旋，两臂随腰前后拉开。（图 360、图 361）

2. 转正腰，摆正左脚，两臂左右拉开松拳变掌，右臂环至头顶上方，左手收至左胯旁。（图 362）

图 360

图 361

图 362

步型步法：

1. 提起右脚向后侧撤步，在中心线右侧斜 45° 方向脚掌、脚跟依次落地。

2. 后移重心，提起左脚原地摆正，前脚掌着地呈虚实步。

身型身法：

上身由正东先向右转 45°，再向左转回正东。头部朝向正前方。

手型手法：

1. 右拳外旋，随腰向斜后侧拉开，收至腰间，拳心向上。

2. 两臂随腰转动，左手松拳变掌下採，收至左胯旁；右手由右侧向上环，松拳变掌，至额头斜前方。

定势动作：

1. 左虚步向正东。

2. 上身、头部朝向正东方向。

3. 右手在额头斜前方，掌心向前；左手在左胯旁，掌心向下。

推手内涵：

四正手转分臂缠绕，对方推按过来，“我”右手上架，左手下採。

技击攻防：

对方双掌推按过来，“我”双手左右接对方两臂，腰带上肢使出挒劲，摔出对方。

要点：

1. 该式定势动作为虚实步，前脚为前脚掌着地，上身、头部都朝向正前方。

2. 该式定势动作与白鹤亮翅相似，但两者的劲法内涵有所不同。白鹤亮翅为两臂上下对拉，退步跨虎则为左右捌劲。

3．向后撤步的步法与之前倒撵猴的撤步一致，提脚向后，在中心线的右侧斜方向落脚，不宜交叉，也不宜分太开。

4．上下肢的协调切记以腰为核心。

第九十七式　转身摆莲

接第九十六式。

视频链接：请使用手机微信扫描二维码，观看该动作的示范讲解视频。（图 363）

图 363

招式详解：

1．右臂由右侧向下采按，左臂由左侧向上提拉，两臂在左右两侧，与胸同高。（图 364）

2．右臂由右向左屈臂合于胸前，左臂由左向右平环，右臂略低于左臂合。（图 365）

图 364

图 365

3．右臂由里向外环开，左臂由前向后屈臂，左手指尖指向右小臂肘腕中心线；左脚以前脚掌为轴拧转 90°。（图 366）

图 366

图 367

4. 左右脚再同时拧转 180° 至西北方向。（图 367）

5. 以右脚前脚掌为轴，拧转 180°，提起左脚摆扣，落在右脚斜后侧，脚尖朝向正东。重心左移，顺势提起右脚。（图 368）

图 368

6. 右脚斜向下落，微离地面，绷直脚面；提起右脚由左向右外摆环弧做外摆腿，并顺势提膝收在右侧；双手由右向左依次拍打右脚脚面，两臂合于左侧。（图 369、图 370）

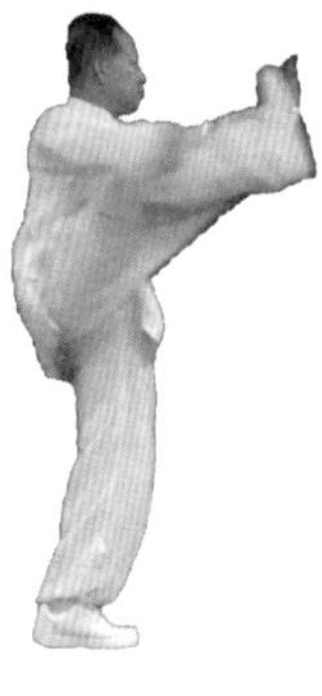

图 369

图 370

步型步法：

1. 左虚步的基础上，左脚以前脚掌为轴顺时针拧转 90°。

2. 重心逐渐前移，两脚同时以前脚掌为轴顺时针拧转 180°，至斜后侧西北方向。

3. 提起左脚摆跨，右脚以前脚掌为轴拧转，左脚落至右脚左斜后侧，脚尖朝正东方向。

4. 重心移至左腿，朝东南方向提起右脚。

5. 向斜后侧落右脚，微离地面，绷直脚面，再由左向右做外摆腿，顺势提膝收右脚。

身型身法：

1. 上身由正东方向沿顺时针向右转 135° 至西南方向；继续沿顺时针向右转 90° 至西北方向。

2. 随提腿跨步，上身继续沿顺时针向右转 180°，朝东南方向。

3. 头部随身法转动。

手型手法：

1. 右臂从右侧向下採按，左臂从左侧提拉，两臂在两侧，与胸同高。

2. 右臂由右向左屈臂合于胸前，左臂由左向右平环至胸前，右臂略低于左臂。

3. 右臂由里向外拉开，左臂由前向后屈臂，左手指尖指向右小臂的肘腕中心线。

4. 摆腿的同时，两臂左引右随，由右向左平环，同时拍打脚面，右手指尖指向左臂小臂的肘腕中心线。

定势动作：

1. 独立步，左腿朝向正东，右腿提膝朝向东南方向。

2. 上身朝向正前方，头部朝向正前方。

3. 两臂合于左侧，右手指尖指向左臂小臂的肘腕中心线。

推手内涵：

四正手的时候，手向左採，脚向反方向踹；或脚向后，手向前推。

技击攻防：

主要是外摆腿摔法的训练。

要点：

1. 转身摆莲转体 405°，由正东沿顺时针转一圈再向右转，转向东南方向。幅度、跨度较大，做好每一步的衔接，注意上下的协调配合，转体的过程中保持身体平稳，不宜摇摇晃晃。

2. 转体 405° 分三步完成，第一次转体 135°，左脚以前脚掌为轴转动。第二次转体 90°，右脚以前脚掌为轴转动。第三次转体 180°，右脚以前脚掌为轴，左脚摆扣顺势跨步，左移重心。三次转体腰均要做到圆转灵活、轻松自如。

3. 摆莲的时候，双手依次拍打脚面，但是练习的过程中，幅度的大小因人而异，不宜为了拍准脚面，造成上身歪歪扭扭，或肢体动作散乱。

4. 右脚摆动需绷直脚面横摆，不是直踢。

第九十八式　弯弓射虎

接第九十七式。

视频链接：请使用手机微信扫描二维码，观看该动作的示范讲解视频。（图 371）

图 371

招式详解：

1. 坐左腿，落右脚。（图 372）

2. 两臂随腰由左向右经膝前到右侧，双手握拳再由右向左击出。（图 373）

图 372

图 373

步型步法：

松腰、松胯，左腿向下坐，右脚向右斜前方（东南方向）跨出，弓腿蹬撑。

身型身法：

上身由正前先向右转再向左转，然后转回正前。

手型手法：

双手随腰向右下方抓採，再提拉两臂向左前方握拳击出，左拳在左胸前，拳眼向上，拳面向东北方向；右拳在额头侧面，拳眼向下，拳面向东北方向。

定势动作：

1. 右脚脚尖朝向东南方向（右斜方向），左脚脚尖朝向正东方向。

2. 上身朝向正前方，眼看左手的方向。

3. 右拳在额头侧面一拳的距离，拳眼向下；左拳在左胸前，拳眼向上。

推手内涵：

四正手的时候，双手抓採后折回。

技击攻防：

假设对方右拳击来，“我”双手抓採，立刻松开，双拳向左击打，上打头，下打胸。

要点：

1. 右脚向斜右侧落脚，弓腿蹬撑。上身则由左向右再向左转动，注意上下协调配合，上身不宜歪歪扭扭。

2. 两臂随腰由左向右环，再向左击出。弓腿的方向在东南方向，上身、手的位置在东北方向，注意上下协调。

3. 上身偏左、前。

第九十九式　进步搬拦捶

接第九十八式。

招式详解：

1. 左脚外摆，重心左移，腰左转，右脚里扣，左手松拳变掤掌，右拳下捋。（图 374）

2. 重心左移，环左臂，右拳俯腕搬。

3. 上右脚，腰右转，屈左臂，右拳仰腕搬。

4. 继续前移重心，上左脚，出左掌，挎右拳。（图 375）

5. 弓腿转腰，击出右拳，收回左掌。（图 376）

图 374

图 375

图 376

步型步法：

1. 左脚外摆 45°，脚尖朝东北方向；重心左移，腰左转，右脚里扣 45°，脚尖朝向正东。

2. 重心继续左移，收回右脚至左脚内侧。

3. 右脚向前跨步，在中心线右侧打开 45° 后落脚。

4. 重心右移，提起左脚向正前跨步，弓腿转腰。

身型身法：

上身由正东向左转至东北方向，再由左向右转至东南方向，然后向左转回正东方向。

手型手法：

1. 左手松拳变掌掤于胸前，右拳向下捋，两臂成捋状。

2. 随腰环左臂，右拳俯腕搬。

3. 左臂里屈，右拳仰腕搬。

4. 击出左掌，右拳收至腰间。

5. 击出右拳，收回左掌。

定势动作、推手内涵、技击攻防与第十四式一致。

第一百式　如封似闭

接第九十九式。与第十五式一致。（图 377）

招式详解：

1. 腰微微左转，松右拳，外旋两臂，掌心向上，左臂合于右臂大臂下方。

2. 腰右转，重心后移，两臂前后拉开。

3. 转正腰，两臂内旋合于胸前，弓腿的同时向前推按。

图 377

第一百零一式　十字手

接第一百式。与第十六式一致。（图 378）

招式详解：

1. 重心后移，腰右转带左脚里扣 90°，右臂向右后侧拉开。

2. 重心左移，收回右脚变平行步，两臂从两侧环下弧合十相搭掤于胸前。

图 378

第一百零二式　收势

接第一百零一式。

招式详解：

站起身，两臂分开与肩同宽，两臂同时内旋使掌心向下，下按至胯前。（图 379、图 380）

图 379

图 380

步型步法：

慢慢站直双腿。

身型身法：

身体面南而立，保持中正，目视前方。

手型手法：

两臂左右分开，与肩同宽，内旋两臂，向下、向后收至两胯前，掌心向下，指尖向前。

定势动作：

开立步自然站立；上身、头部保持中正；两臂按在两胯前。

要点：

作为套路结束的收尾，收势与起势一样重要，不能马虎。

第一百零三式　还原

接第一百零二式。

招式详解：

收回左脚，并步站立，两臂合于两侧。（图 381）

图 381

步型步法：

提起左脚收回来，并步站立。

身型身法：

上身、头部保持中正。

手型手法：

两臂收至两腿侧。

定势动作：

并步站立，收脚收手。

要点：

回归初始状态。

第 55 式至第 103 式为第三小段，完整示范演练可用手机微信扫二维码观看。（图 382）

图 382

四、结语

1．杨式太极拳的特点为缓慢柔和、式式均匀，因此在习练的过程中，务必做到式与式的匀速和连贯。即使在定势的时候，也是似停非停，不宜停顿太久，应做到相连不断。

2．太极拳作为武术的一种，习练的时候不宜太过柔或软，注意劲在内涵。但是也不宜过于刚或硬，不宜用拙力，需体会用意不用力的要点。

3．杨式太极拳具有姿势舒展、形象优美的特点。习练的过程中，上肢或下肢不宜过于伸展、僵硬，牢记“将展未展”四字，直中就曲、曲中含直。

4．杨公澄甫所提的十个要点，诸如虚领顶劲、含胸拔背、松腰松胯、沉肩坠肘，在习练的过程中，需时时关注、式式注意。套路的连续演练，也需分清虚实，注意相连不断、内外相合、上下相随、用意不用力、动中求静。

5．在套路演练的过程中，保持呼吸自然，做到平心静气。初学者习练的时候，切忌提气、憋气，以免上重下轻、立身不稳。多加习练，以达到呼吸绵长。

第三篇

杨式太极拳教学体悟

问题 1：为什么在每个招式的学习过程中都要进行步型步法、身型身法、手型手法这样分步骤的教学？

回答：太极拳作为一项非常强调肢体协调性的运动，学练它还是有一定的难度的，尤其是杨式太极拳这种非常适合中老年人学练的套路。随着年龄的增长，人肢体的协调性、平衡性，大脑指挥的灵动性等，都在逐步下降，若采用常规教学方法，零基础的学员较难入门，也不容易记忆。结合笔者过去当兵以及在教导队带新兵的经验，将一组动作先拆分再整合，学员既容易学会，也便于记忆，从而达到太极拳应有的锻炼效果。每讲一组新动作，先掌握其步型要点，并将步法的转换练习至熟练；再明确动作身法的转化、头部的位置、眼神的方向；然后对其手法进行单独的练习。三者分别掌握后，再合为一个整体反复巩固练习，直至协调、熟练。这样的分步骤教学方法经过反复试验，非常有效，即使是中老年学员，也可以较快入门，掌握一个套路，发挥太极拳的养生价值。我把这样的教学方法称之为“三位一体”的教学方法。

问题 2：为什么在每个招式的学习过程中都要进行推手用法和技击攻防用法的教学？

回答：王宗岳在《太极拳论》中指出“由着熟而渐悟懂劲，由懂劲而阶及神明”。由此可知，“着熟”是太极拳递升至“懂劲”及“神明”境界的基础。为了“着熟”，我们采用了让学员分解练习步型步法、身型身法、手型手法，再将它们整合在一起的“三位一体”的教学方法。在长期的教学实践中，也证明了这个方法对大多数人是比较有效的，简明实用、容易上手。在“着熟”过程中，我们让学员在对拳架初步掌握熟练的基础上，辅以各种推手方法的练习，包括定步推手、活步推手，开合手、四正手、平圆、立圆、四正手，乃至大捋等，让习拳者在练习的过程中体会太极拳粘黏连随的精妙处，在劲不在着，“由着熟而渐悟懂劲”，使其由熟悉招式升华为懂劲。同时，对每一个招式的技击攻防用法加以详细说明，以帮助习拳者对每个招式“知其然，也知其所以然”，理解得更为透彻，更为深刻；促使其练习拳架动作更规范到位。为了“着熟”，我们在教学中使用称之为小“三位一体”的教学方法。这个方法，再结合推手用法练习，技击攻防讲解，即是在教学过程中称之为大“三位一体”的教学方法。在教学中把这两者有机结合起来，形成了针对性、实用性强和效果明显的科学严谨的教学体系。这种太极拳的教学体系往往能够让习拳者更容易体会到太极拳的精妙处，更容易准确完整地掌握一个套路，也能够自我纠正，少走弯路。所以，习拳者在招式练习过程中，特别是对招式已经比较熟悉时，要重视推手用法的练习，认真理解技击攻防的用法。

问题3：如何理解“功夫在诗外”？

回答：太极拳有锻炼身心的作用，这已形成共识。学员在习拳过程中，要保持“两心”：一为恭敬心，对杨家历代先祖、老师保持恭敬和尊重；二为尊敬心，师生之间、同学之间应互相尊敬。同时，要保持“三德”：一为公德，习拳之人应该遵纪守法，遵守社会公德；二为手德，不轻易与他人动手过招，更要为他人的展示、分享予以掌声鼓励；三为口德，不说脏话、不诋毁他人，也不轻易评价其他流派、其他拳师。这就是“功夫在诗外”。习拳者不仅要重视拳技的学习，更要重视内在的修行和品格锻炼，最后达到德艺合一、道术合一的境界，真正实现通过杨式太极拳锻炼身心的目的。

问题4：学习太极拳有什么好处？

回答：杨式太极拳既可以强身健体、修身养性，也具有技击攻防的内涵，蕴含了杨家几代先人的宝贵经验，逐步形成缓慢柔和、式式均匀、劲在内涵、姿势舒展、形象优美等特点。尽管太极拳看起来柔和缓慢，但也需要注意力高度集中、全身心协调配合，对身体各方面的要求还是较高的。也因为它缓慢柔和的特点，下至幼冲之年，上至耄耋老人，皆可习练。在所教的学员中，九十高龄的学员仍然可以进行这种缓慢、柔和的练习，享受太极拳带来的益趣。太极拳更重要的是可以修心，去浮弃躁、内固精神。一方面，学好太极拳需要日复一日的坚持，不断悉心揣摩钻研，日久必然会融会贯通，达到身心兼修的目的。另一方面，经过这样长期的积淀和修炼，可以真正做到心静神定，心神如一。坚持练太极拳还可以有效改善人的身体状况，提高身体素质。随着年龄的增长，人体的各个机能都在逐步退化，比如，手脚不够协调、反应比较迟缓、记忆力逐渐退化。太极拳是由大脑指挥肢体进行协调运动，通过这种协调练习，可以提高反应能力、肢体的协调能力、平衡能力等，同时身心也能得到较好的调养。此外，习练太极拳，为学员提供了一个交友互动的平台，来自天南海北的拳友们聚在一起，或参加表演、比赛，或组织游学活动等，为晚年生活增添些许趣味，乐享人生。坚持学练太极拳，更是一个修心的过程，心静神定方能体松、气沉、神凝。而长期修心的过程，更能体现太极拳锻炼身心的益处，实现人生的断舍离，最终实现精气神合一、身心合一、道术合一的目标。

问题5：杨式太极拳缓慢柔和，习练时如何体现技击攻防的内涵？

回答：太极拳是慢练快用的拳法，寓刚于柔，寓快于慢。太极拳有听劲懂劲的内涵，主动枢纽皆在腰部而非四肢，因此动作做起来更加顺畅。杨式太极拳第一代宗师杨露禅便有“杨无敌”之称号，可见其攻防内涵相当深厚。但杨式太极拳在传播、流传的过程中，更多走向健体、养生等功能。修习太极拳的过程，即是修炼身心的过程。练太极拳看似不费力，其实比一些行动比较迅速的拳法更用力，但是动作练起来缓慢柔和、舒展大方，周身气血通畅，对身心皆有益处。

问题6：太极拳的学习如何入门？

回答：简单来看，太极拳是肢体的协调运动，但是它毕竟还是武术的一种，有着丰富的内涵和文化，不能简单地当作某种操类运动去学习。杨澄甫宗师的《太极拳之练习谈》（以下简称《练习谈》）非常完整地诠释了太极拳的学练该如何入门。习拳者都听过“入门引路须口授，功夫无息法自修”，这句话充分说明了要想学好太极拳，离不开明师的言传身教、引路指导。寻访老师，不要只看重名望或地位，更应注重其人品以及对拳艺的追求等。此外，习练太极拳，更离不开自身的持之以恒、勤学苦练。“若能晨昏无间，寒暑不易，一经动念，即举摹练。无论老幼男女，及其成功则一也。”再加上三五拳友时时切磋、互相鼓励，一定会有进益。《练习谈》中还讲到了关于个人悟性的问题，每个人的资质有所不同，学练的方法、内容等也因人而异。不必追求某种统一标准，根据个人的接受能力去调整学习，专注而为。除此之外，《练习谈》中也讲解了一些练拳的过程中需要注意的事项，比如“周身骨节，均须松开自然”，这是入门学练的第一步，体会松沉，包括对头部的要求，对身型的要求，对下肢的要求等；也包括学拳的程序，练拳的时间、场所、时长等。初学者如能在学习初期，熟读《练习谈》至掌握到位，定能较好、较快地入门。

问题7：太极拳的学习有哪些程序？日常练习有哪些注意事项？

回答：杨澄甫宗师在《练习谈》中对这几个问题均有明确的说明。太极拳学练程序：①先练拳架，包括太极拳、太极长拳等，对太极拳有一个初步的了解和认识；②再进行推手的学习，包括单手推、双手推，原地推、活步推以及散手、大捋等，一方面帮助纠正拳架，一方面也是懂劲的学习方法；③进行器械的学习，包括剑、刀、杆、枪等，进而对太极拳有一个全面、深刻的理解。《练习谈》中还说到，每日起床后可练习两次，若晨起无暇，则睡前两遍。体力、精力若可以，一日之中应练七八次，至少晨昏各一次。喝醉后、饱腹后，则不适合练习。练习的环境，当以空旷的庭院、厅堂等为好。潮湿阴暗或阳光直射的环境，不宜多运动。习拳的时候，应穿着宽松的服装和平底鞋，运动的同时注意保护自己。因此，建议熟读《太极拳之练习谈》。

问题8：学习太极拳套路也需要进行理论学习吗？要学习哪些理论知识？

回答：杨式太极拳历代宗师、传人在教拳、传拳的过程中，整理、总结出许多拳论、拳经的内容，我们在习拳的过程中，也应参考学习，多读多记，并且在习拳的过程中加以体会，比如学习《太极拳论》。我们在学练杨式太极拳的过程中，也可着重阅读《杨澄甫注王宗岳〈太极拳论〉》；还有诸如《十三势行功心解》，以及杨澄甫宗师的注释；再有如《十三势歌》《打手歌》《太极拳老谱三十二解》等。值得重点研读的有《太极拳体用详解》《太极拳之练习谈》《太极拳术十要》《杨式太极拳二十字口诀》等。

问题9：对杨澄甫宗师的“太极拳十要”如何理解？

回答：杨澄甫宗师所总结的练习太极拳的十个要点可以有效地指导太极拳爱好者练好拳架、着法，更好地体悟太极拳的劲道。读者可以从以下三部分来理解“太极拳十要”。第一部分，是对肢体、外形的要求，包括虚领顶劲、含胸拔背、松腰（胯）、沉肩坠肘，还包括尾闾中正、两眼正视，以及在进行上肢、下肢动转的时候，时刻牢记随腰转动、腰带全身。每进行一个招式的练习，都要体会这些要点。第二部分，是对练习方法的要求，包括分虚实、用意不用力、上下相随、内外相合。在进行整体演练的过程中，要体会这些内涵。第三部分，是对意识的要求，包括相连不断、动中求静。在习练太极拳的过程中，需要体会这些。习拳者应对这十个要点反复体味，感悟其中的深微意蕴，更重要的是在习拳的过程中加以应用。这也就是《太极拳论》中所说的“默识揣摩，渐至从心所欲”。

问题 10：如何理解“用意不用力”？

回答：杨澄甫宗师在《太极拳术十要》中解释道：“此全是用意不用力。练习太极拳，全身松开，不使有分毫之拙力，以滞留于筋骨血脉之间，以自束缚，然后能轻灵变化，圆转自如”。所谓用“意”就是指意识的引导，而不用“力”，主要是指不用拙力，而非完全不用力。按笔者的理解，所谓“闭气”的过程，就是拙力，比如我们去搬一件很重的东西，一瞬间是“闭气”的，这个过程就是用拙力。不用拙力，首先要从呼吸方面来理解，行拳的过程中，呼吸保持自然，不需刻意控制一呼一吸。此外，还需要加强推手功法的学练，体会动作的内涵和攻防。行拳的过程中，要让意念指挥、意念带动。杨振铎老师曾举例说明，“意”和“力”就好比“钢”与“铁”，铁是脆的，容易折断，而钢经过了锤炼，具有柔韧性，难以折断。多加练习，催僵入柔，先求开展，后求紧凑，逐步体会用意念指导。

问题 11：如何理解太极拳的“体”与“用”？

回答：杨式太极拳有着丰富的内涵，杨澄甫宗师在《太极拳体用全书》中也有明确的解说：“体”即为招式、套路的演练，“用”即是推手、技法的内涵等。这种解释是正确的，但还不够全面。在《太极拳体用解》中有说到：“理为精气神之体，精气神为身之体。身为心之用；劲力为身之用。”理和精气神合起来就是体，身心和劲力合起来就是用。

问题 12：什么叫“双重”？

回答：对于双重的理解，通常有以下几种。第一种是在练拳的过程中，两脚虚实不分，导致练习显得迟钝、不灵活。在习练的过程中，下肢的虚实是时刻变化的，而且非常自然、非常灵活，如行云流水一般。第二种则指在练拳的过程中，从呼吸以及全身的配合协调来看，虚实不分。太极拳是内家拳，习练时要注意“用意不用力”，以气运身，而非用拙力、蛮力。第三种出现在两人推手的过程中，互相用力顶，出现对抗的现象。推手讲求的是粘黏连随、不丢不顶，舍己从人才能避免双重。正如《太极拳论》中所说的，“左重则左虚，右重则右杳。偏沉则随，双重则滞”。

问题 13：传统杨式太极拳中的 103 式和 85 式等与其他传统杨式套路有哪些不同？

回答：从目前来看，流传较广的传统杨式太极拳套路皆为杨式太极拳第三代嫡传人杨澄甫宗师的定型拳架，在《太极拳体用全书》中也有相应的图片说明。常见的套路有 85 式、91 式、103 式、108 式、115 式等，只是在动作编号、数量上有所区别，内容、顺序大体是一致的。杨振铎老师则是按照传统杨式太极拳 103 式进行推广教学的。与 85 式相比较，103 式的左右云手分为“左右云手一”“左右云手二”“左右云手三”等，而在 85 式里面，就是合为一体的“左右云手”。当然，不同的老师也有各自不同的演练风格，包括对拳架的理解和体悟也有所不同。这也就是我们常说的“一人一太极”。但是，不论跟随哪位老师学习，不论练习的是哪式套路，都源于杨澄甫宗师的定型拳架，因此也就都具有缓慢柔和、式式均匀、劲在内涵、姿势舒展、形象优美的特点，有着丰富的健身、养生、攻防等内涵。

问题 14：为什么大家跟同一个老师学习传统杨式太极拳，打出来的拳架会有差异呢？

回答：传统杨式太极拳有别于其他流派太极拳的独特风格，主要表现为缓慢柔和、式式均匀、姿势舒展、形象优美、劲在内涵。行拳中展现出这些风格特点的，就是传统杨式太极拳。当然，这是传统杨式太极拳的普遍性即共性特点。普遍性寓于特殊性之中。共性的东西必须通过个性展现出来。作为个性展现的每位练习者，由于每个人对传统杨式太极拳的理解与感悟不一样、年龄和经历不一样、练习时长不一样、健康状况不一样、身材高矮不一样，等等，展现出来的拳架必然会有差异。我们常说，千人有千拳，就是这个道理。传统杨式太极拳本身也分高中低拳架，要求每位练习者根据自身的情况来练习。所以说，只要符合总体的风格特点要求，每位练习者展现的拳架有差异是正常现象，也是允许的。当然，如果完全走样，或打出来的拳与传统杨式太极拳的风格特点相距甚远，就要注意了。所以，传统杨式太极拳练习者，首先，要跟已经有规范的拳架的老师学习；其次，要不断纠正自己的拳架，使之越来越规范，达到传统杨式太极拳的总体风格要求。

问题 15：练习太极拳的过程中应该如何呼吸？

回答：呼吸是我们与生俱来的本能，习练太极拳的过程中呼吸应绵长、均匀。笔者认为，习练太极拳的时候，保持自然呼吸即可，不必刻意强调是胸式呼吸还是腹式呼吸，顺式呼吸或是腹式呼吸；也不需要针对某个动作刻意去强调是吸气还是呼气。太极拳每个招式长短不一、难度不同，不可能在每一个招式上都配合呼吸，过分强调配合反而容易忽略太极拳的技法。因此，保持自然的呼吸状态即可，注意力集中，尽可能使自己的呼吸均匀、绵长。即使在桩功的练习过程中，也是保持自然呼吸即可。

问题 16：学习太极拳是否需要进行桩功的学习？

回答：桩功对于学习太极拳来说，就像是建造房屋的基础。长期坚持站桩的人，下肢沉稳有力，不漂浮，在学练太极拳架或推手的时候，才能重心稳固。静坐的益处人人皆知，可以平心静气、修身养性。静坐的过程中，内部必须静中求动，并非永静而不动，这与太极拳动中求静的内涵颇为吻合。文修于内，武修于外，能静坐则心平气和、志正体直、思绪清静，不至于乱。因此练习太极拳到一定的程度之后，为了修身、修心，可以引入坐桩的方法。无论是站桩还是坐桩，都不是一天就能见效的，需要持之以恒，日日坚持。

站桩以及坐桩具体的练习方法可以参考附录 1 中所讲内容。

问题 17：练习太极拳之前是否需要热身活动？

回答：传统杨式太极拳尽管演练起来缓慢柔和、式式均匀，但是毕竟也是运动，是武术的一种，在演练前也是需要先进行身体的放松和准备的，包括习练太极剑、太极刀、太极推手等，都需要提前热身、放松。中老年学员在热身、放松的时候需根据自己的身体状况，缓慢进行。根据传统杨式太极拳的特点以及我们的教学方法，总结整理出一套“九大部位放松功法”，将身体的躯干部分——颈、胸、腰，上肢部分——肩、肘、腕，下肢部分——胯、膝、踝依次放松，再进行太极拳等的练习。而武术中常见的正压腿、弓步压腿、仆步压腿、前俯腰、扩胸等动作，幅度、强度较大，中老年人如需训练，一定要根据自身的情况，量力而行，切不可勉强自己。

“九大部位放松功法”的具体练习方法参见附录2。

问题18：太极拳练习过程中头部有哪些注意事项?

回答：杨澄甫宗师在《太极拳之练习谈》中讲到：“习练时头部不可偏侧与俯仰，所谓要‘头顶悬’，若有物顶于头上之意，切忌硬直，所谓‘悬’字意义也。目光虽然向前平视，有时当随身法而转移，其视线虽属空虚，亦为变化中一紧要之动作，而补身法手法之不足也。其口似开非开，似闭非闭，口呼鼻吸，任其自然。如舌下生津，当随时咽入，勿吐弃之。”总体来说，就是头要中正，头顶百会穴有向上领的感觉，颈部也保持直立，不前俯后仰或左右侧倒。眼神随身法改变而改变，不左顾右盼。嘴巴微闭，舌贴上颚。整体面部表情放松、自然。展现出习武者的精气神。

问题19：如何理解“立身中正”?

回答：立身中正的“身”主要是指我们躯干这一部分。在杨澄甫宗师的“十要”里面，关于躯干的要求，讲到了三点：虚领顶劲、含胸拔背、松腰松胯。头始终保持中正，向上领起来，并随身法转动。习练过程中始终注意含胸拔背，不宜弯腰、驼背，也不宜挺胸、扩胸。还需注意的就是松腰、松胯，腰与胯放松了，步型也就做到位了，整体看起来就协调。此外，在传统套路中，大部分动作的定势，上身都略向前倾，上下一体；揽雀尾的左掤、单鞭、扇通臂三组动作，则需要上身中正，不前倾。大家在练习的过程中，也可以多照镜子比对。

问题20：如何理解“尾闾中正”?

回答：尾闾中正是身法中正的关键。在太极拳习练的过程中，尾闾随身型的变化而变化，要保持松腰松胯。尾闾若不正，会影响腰的核心作用，上会影响虚领顶劲，下会造成重心不稳、劲力不整，上下难以相随。要做到尾闾中正，胯要松沉，虚实要分清。

问题21：如何理解“松腰松胯”?

回答：行拳的过程中，需要时时刻刻保持松腰松胯，这是非常关键的。

比如我们在做左右弓步转换时，先后移重心、松胯，再在腰的带动下扣脚。重心变换时，同样也需要向下松胯，再提腿跨步，踏实涌泉穴，然后腰带移动重心。许多拳友在习练的过程中，容易出现顶胯的现象，这是不合适的。胯要向下松，而不宜向外顶起来。腿放松、不蹬直，腰胯自然也就放松了。初学者在练习的过程中，可以借助外力，比如用手按住胯根，向下推按，体验坐胯、松胯的方法。

问题 22：如何理解“公转带自转，逢转必松沉”？

回答：学习太极拳，腰为核心主宰。练拳的过程中，要时刻注意以腰带四肢转动，腰和四肢的关系就好比公转和自转，这也是杨振铎老师讲课的过程中经常提到的。腰为公转，决定上肢、下肢的方向、方位；上肢的旋转为自转，决定两掌向上或向下、向左或向右的转动。比如揽雀尾的“捋”式，在右掤的基础上，腰向右转带动两臂由正前转至斜右侧，即为公转；再在肘、小臂的带动下，右手手心由内向外旋、左手手心由外向内旋，即为自转。在太极拳整体演练的过程中，时刻牢记腰先转，再带动全身，逐步体会劲整的内涵。在步法转换、招式衔接的过程中，每一次转动，都要注意先松腰松胯，逢转动，必先松沉。

问题 23：太极拳的练习中如何做到“腰带四肢”？

回答：太极拳的习练，核心在腰。习拳过程中手脚不可擅动，而应以腰为动力轴，以躯干带动四肢。《十三势说略》中说道：“由脚而腿而腰，总须完整一气，向前退后，乃能得机得势，有不得机不得势处，身便散乱，必至偏倚。其病必于腰腿求之。”因此在学练的过程中，务必多体会“腰腿求之”的过程。首先，进行腰法基本功的练习，腰的转法有平旋腰、立旋腰、混合腰三种；在下肢固定的基础上，先让腰灵活转动起来。然后，进行腰带上肢基本功的练习，腰带上肢也有三种基本方法，第一种是腰带上肢摆动，摆动的过程又有同步和不同步两种；第二种是腰带上肢旋转；第三种是腰带上肢摆动加旋转。把这几种功法熟练掌握之后，再将其应用于套路的演练过程中，逐渐形成一个整体。腰带下肢的基本功法也非常重要，在步型步法转换的过程中，都离不开腰的主导。比如重心的前后转换，可以是一边转腰一边弓腿，也可以是先转腰，再弓腿。基本功法掌握之后，要多加练习、多加体会，应用到套路的练习过程中，逐渐做到下盘稳固、中盘灵活、上盘松柔，进而达到劲整。

问题 24：如何理解“沉肩坠肘”？练习太极拳对上肢有哪些要求？

回答：练习太极拳，松为第一要素。松肩才能沉肩，两个肩膀要平，不能一高一低，更不能耸肩。肩膀耸起来，气息容易上浮，呼吸也难做到绵长、均匀，练拳容易越练越累。肘关节要时刻牢记下坠，就好像有重物牵扯，不能外悬，不能内裹。做到了沉肩坠肘，才能坐腕、松腕，才能体现太极拳“形于手指”的内涵。沉肩的同时，两肩微微向内合，保持含胸拔背。杨振铎老师在太极拳习练过程中对上肢的要求有二十字口诀：“抻出肘尖，空出胳肢窝。肘尖拽膀尖，连手腕，带手指。”总结得非常到位。肘尖（肘部）不仅要下坠，更要抻开，不能贴在身体上，胳肢窝要空出来，好比夹着一个大馒头，既不能太紧压扁它，也不能太松而掉地上。肘关节再牵动肩关节，保持沉肩、松肩，再连动小臂、手腕，最后整个上肢连同躯干形成一个整劲。练拳的过程中，手腕或平或坐，平腕的时候注意掤劲的体现，手腕不宜内扣，应与小臂在同一个平面上。坐腕的时候忌坐成死腕，要灵活、松柔。

问题 25：太极拳的手型手法有哪些特点？练习的过程中有哪些注意事项？

回答：传统杨式太极拳有掌、勾、拳三种手型，其中掌的动作最多，拳次之，勾的动作最少。三种手型的要点在开篇已详细说明，手法的练习要点在每个招式的学习过程中也有具体阐述。还有一些其他注意事项，这里统一说明一下。掌的要点中最重要的一个便是虎口要撑圆，这样才能帮助我们在练习“抓”这一技法的时候，切切实实地抓住对方，而不是虚握。此外，虎口撑圆后，大拇指与其他四指以及手掌仍应在同一平面，而不是向手心方向合。在做掤的动作时，手腕也应舒展，与小臂在同一个平面，不宜过分内扣。拳的动作根据拳面、拳背、拳心、拳眼等不同的用法有不同的体现，握拳时要注意握实不握死，手腕也应舒展，不宜过分内扣。勾的手法主要体现在单鞭中，可以用外侧击打对方，也可用内侧化解对方攻势，还可以锁拿对方等。勾的手法注意指尖聚拢捏在一起的时候，手腕要稍稍用力，有点似“鹰勾”。

问题 26：太极拳的学习有哪些基本手法？

回答：传统杨式太极拳中有几组最基本且非常重要的手法训练，熟练掌握，可以有效地辅助整个套路的演练，也可对太极拳有更加深入的理解。第一组基本且重要的手法是左右开合臂的练习方法，是从传统杨式太极拳套路中摘选出来的训练两臂协调配合的练习方法。两臂自然下垂，右臂由下向上、由后向前环起，左臂外旋向右，两臂合于身体右侧，两掌掌心侧相对；左臂由下向上、由后向前环起，右臂外旋向左，两臂合于身体左侧，两掌掌心侧相对。这两组环臂可以连起来反复训练。亦可在这两组开合的基础上，加上左掤、右掤或左野马分鬃、右野马分鬃的训练，进一步加强肢体的协调性。此外，在套路的学练过程中，亦可使用这一组左右开合协调的方法，将套路重组演练。这种方法尤其方便新入门学员迅速熟练掌握所学动作。第二组基本且重要的手法就是搂膝拗步两手配合的手法。搂膝拗步作为重复次数较多的动作之一，还由此衍生出了倒撵猴、进步搬拦捶、进步栽捶、进步指裆捶等动作，熟练掌握搂膝拗步的手法，对于学好其他动作是非常重要的。

问题 27：步法转换的过程中有哪些注意事项？

回答：比如在弓步与虚步的转换过程中，首先要明确弓步和虚步两种步法的相同点和不同点。两者都属于丁八步的范畴，一脚脚尖朝向正前方，一脚脚尖朝向斜前方，夹角 45° 左右。但是弓步和虚步两者落脚的距离有所区别，弓步两脚的横向距离与肩同宽，纵向距离相对虚步来讲是一大步；而虚步的两脚落在中心线的两侧，纵向距离相对弓步来讲是一小步。弓步转虚步的时候，找准中心线的位置垫步；前脚的落脚，注意用腰带，脚跟蹬地则腰方向与后脚一致，前脚掌着地则上身都朝前，腰带蹬撑。虚步转弓步，不能直接前移重心弓腿蹬撑，而应先提腿跨步，找准弓步的落脚位置，再腰带弓腿蹬撑。再如，单鞭的步法衔接，转体 180°，跨度较大，先松腰松胯向下沉，再在腰的带动下扣脚，右脚先扣足 135°，然后提起左脚，继续保持松腰松胯的状态，以腰带动，向左侧摆开，找准位置落脚以后，再弓腿蹬撑。所以，每一个步法的转换，都是在松腰松胯的状态下，以腰带动，找准位置和方向，踏实地面。大家需要多加练习和体会。

问题 28：步型步法在练习过程中如何做到“蹬”“撑”？

回答：在步型步法的练习过程中，蹬撑是相互作用、相辅相成的一组关系，“有蹬必有撑”。比如弓步重心前后变化的时候，当重心前移，后腿向前蹬时，前腿要有撑劲，否则容易跪膝，使重心过度向前；重心后移，前腿向后蹬时，后腿要有撑劲，否则容易顶胯、撅臀，上身不正。在变化的过程中体会两脚蹬地的反作用力，由脚而腿而腰，再向上节节贯穿，最后形于手指。再比如，倒撵猴虚步后退的时候，向后撤步，重心后移，前腿撑，后腿要有蹬意。此外，蹬撑之力也体现在上身，向前推掌或击拳的时候，肩背部要向后撑，不宜过于向前，以免肩胯不合，失去重心。有前有后，有蹬有撑，逐步体会“其根在脚，发于腿，主宰于腰，形于手指”，达到劲整。

问题 29：腰和下肢的练习有哪些注意事项？

回答： 弓腿主要是指重心的前后移动，做好蹬撑。加上转腰的关系，就是腰带下肢的基本功法。传统套路的演练过程中，既可以先转腰、再弓腿，也可以边转腰边弓腿。野马分鬃属于第二种，边转腰边弓腿。而搂膝拗步，是先转腰，再弓腿。野马分鬃的手法，是腰带两臂拉开。提腿跨步，落脚踩实之后，在腰的带动下，重心由后向前，两臂左右拉开。这样才能体会到《太极拳论》中所说的“其根在脚，发于腿，主宰于腰，形于手指”。大家在行拳之余，也要多进行腰带下肢、腰带上肢基本功法的训练。

问题 30：如何做好独立步？

回答： 独立步两脚的关系，同属于“丁八”关系，支撑腿斜方向站立，另一腿提膝侧向正前，夹角在 45° 左右，使两腿与地面形成一个三角形，提高“稳定性”。支撑腿自然站立，另一条腿膝盖尽力上提，脚尖绷直内扣，独立步方可平稳自如。分脚是绷直脚面，以小腿用力向侧面踢出；蹬脚则是勾起脚尖，脚跟向正前蹬出；摆莲脚即是外摆腿的基本功。在练习这些动作的过程中，大家要考虑自身肢体的情况，保持上身中正、独立平稳。转身蹬腿的过程中，重心要低，分清虚实。多加练习，即可到位。

问题 31：练习太极拳如何做到不伤膝盖？

回答： 练拳的过程中，下肢是根，膝关节的负担非常重。尽管杨式太极拳柔和、缓慢，但如果动作不到位，对膝关节的保护不到位，还是非常容易造成膝关节损伤的。在步型步法的讲解中，曾经反复提过松腰松胯的核心要点。膝盖的移动要始终沿着脚尖的方向，避免出现跪膝、扭膝的现象。比如在做弓步的时候，向前蹬撑弓腿，膝盖不宜超过涌泉穴，使小腿和地面保持垂直，力达脚底。重心后移的时候也是这样，保持圆裆。虚实步亦是如此。独立步衔接弓步或虚步的时候，坐胯要先松胯，才能好好保护好膝关节，不至于受到损伤。年龄稍长的习练者，以及腿部有不适的习练者，在练习过程中，包括站桩的时候，也要注意下肢摆动的幅度、强度，寻找适合自己的方式进行习练。

问题 32：太极拳对胯部、裆部有哪些要求？如何做到位？

回答：习练太极拳的核心在腰，腰、胯要松沉，同时还应注意敛臀、圆裆。做好敛臀，两胯先要向后、向下松，好像要坐凳子的感觉，再向前、向上收敛、提胯，使命门微微顶起。同时还要注意，上身保持中正，腰腹部是放松、自然的状态。可以通过转腰检查自己是否做到位，如果腰可以灵活转动而胯以下不受影响，则说明腰和胯松沉到位。做好圆裆，要注意尾闾保持中正，在步型步法的练习过程中，让两腿的膝关节都沿着脚尖的方向移动，胯向下松，裆部撑圆，上身仍旧保持中正，不前俯后仰。通过腰与胯，上下相合为一整体。

问题 33：太极拳练习过程中脚部有哪些注意事项？

回答：太极拳习练过程中，下肢是根，既要沉稳有力，还需灵活变化。传统杨式太极拳开立步、弓步、虚步、独立步以及仆步五种步型的要点已在开篇解释清楚，步法的转换要点也在招式学习的过程中说明到位。此外，还有一些需要注意的，比如提脚上步或撤步的过程中，要干净利落，不宜有拖地、画弧的现象，也不宜提太高、过于夸张，而应轻轻提起，微离地面，再缓缓落下。除虚实步的前脚稍有不同外，其他比如弓步、仆步、开立步以及独立步的支撑腿，落地时全脚掌着地，力要匀称，避免出现内翻、外掀的现象。一方面，大家可以加强桩功的练习，增强下肢功力，这样才能在练拳的过程中保持沉稳有力；另一方面，练拳之前，应对脚踝、脚腕的放松进行热身，这样既可以保护下肢不受伤害，也可以在练习的过程中提高双脚的灵活度。

问题 34：如何做好仆步？

回答：仆步是幅度、跨度较大的一种步型，主要体现在下势这一动作中。

做好仆步，要注意膝关节的移动应沿着脚尖的方向，两脚均踏实在地面上，脚底有撑劲，保持上身直立。胯向下坐、向下沉，依旧保持圆裆、敛臀。初学者或中老年拳友在习练这个动作的时候，不要急于一步到位，应根据自己的情况慢慢调整；也可以通过仆步压腿等基本功进行开胯、拉伸训练，加强腿部力量，提高肢体的柔韧度。

问题35：学完套路后为什么还要进行纠拳？

回答：一方面，随着练习时间的推移，老师讲课内容和自己学习时的一些记忆会逐渐模糊，尤其是细节和容易忽略的地方，容易记不清楚。另一方面，随着时间的推移，每个人对太极拳也会有不同的理解和体会，练习的过程中容易形成个人的习惯，有些时候，这些体会或习惯可能会出现偏差。因此，在我们学拳、练拳的过程中，应该时时向老师请教，与老师探讨，一方面老师可帮助纠正、指导拳架；另一方面自身通过推手等练习，加深对太极拳内涵的理解，这样才能有更大的进步。

问题36：青少年、儿童能否学习传统杨式太极拳？如何入门？

回答：青少年、儿童同样可以学习传统杨式太极拳。杨式太极拳作为一项缓慢柔和、式式均匀、姿势舒展、形象优美、劲在内涵的武术，适合所有人习练。现在国家也在倡导武术、太极拳进校园，在锻炼身体的同时，提高专注度，提高身体素质，有助于青少年和儿童健康成长。

为了更好地帮助青少年、儿童入门学习传统杨式太极拳，大宋团队在杨式太极拳传统套路的基础上创编了一套初级入门八式，动作简单易学，容易记忆，套路内容及具体练习方法详见附录3。

问题37：杨式太极拳传统套路习练一次要半小时左右，有没有适合表演、展示等比较简短的套路？

回答：杨式太极拳有着极高的锻炼效果和养生价值，完整演练一次需要半小时左右，因此比较适合锻炼身体，可以达到很好的锻炼效果。但用时过长，不宜参加活动展示或表演，因此大宋团队在传统杨式太极拳的基础上整理了一套比较简单、简洁的十六式，既适合展示，也适合入门学习。套路内容以及具体的练习方法详见附录4。

第四篇

附录

附录 1：桩功

（一）站桩

视频链接：请使用手机微信扫描二维码，观看站桩功法的示范讲解视频。（图 383）

图 383

站桩作为传统杨式太极拳非常重要的一个修炼功法，一方面可以加强四肢的功力，促进周身气血循环，对身体的一些慢性疾病有一定的舒缓作用；另一方面则可以使人平心静气，内心更加专注。

站桩的学习包括以下几个方面：

一调身法（图 384）：

图 384

1．两脚平行开立，脚尖直向前，两脚涌泉穴之间的距离略比肩宽。

2．松腰松胯，向后坐胯，敛臀、提肛，重心稍向前，踩实涌泉穴。

3．头部保持中正、虚领顶劲，两眼目视前方或轻轻闭上，保持自然呼吸，含胸拔背，松腰。

4．两臂掤起成十字手，指尖拉开相隔一拳的距离，掌心侧向上；沉肩坠肘。

二调呼吸：

保持自然呼吸，一呼一吸之间，数“息”，观察自己。

三调心法：

在保持身法规范、呼吸自然的情况下，试着接受身体出现的任何一个症状，比如流汗、流泪、打哈欠、流鼻涕，以及上肢、下肢出现的疼、痛、麻、痒、酸、胀等情况，尽量克服、尽量坚持。

站桩不能一蹴而就，要逐步修炼。初学者可以先从 5 分钟、10 分钟开始坚持，让自己的身体逐步适应，再慢慢增加时间。

（二）坐桩

视频链接：请使用手机微信扫描二维码，观看该动作的示范讲解视频。（图 385）

图 385

准备工作：

1. 准备一个较大的垫子，可以盘腿坐下；一个较小的垫子，垫在身下；一块毛毯，可以将下身盖住。

2. 坐桩之前，先慢走十分钟，然后进行下肢的放松和拉伸：

（1）坐在垫子上，两腿盘回来，两脚脚心相对，用两手分别向下按压两腿膝盖部位。

（2）坐在垫子上，一腿伸直，另一腿弯曲，并将脚放在伸直的腿的根部，向下按压弯曲腿的膝盖部位；左右互换练习。

（3）坐在垫子上，两脚盘回来，两脚脚心相对，双手按住双脚，一边压腿，一边进行腰部的顺时针、逆时针旋转放松。

（4）跪坐垫子上，压脚踝。

坐桩的学习包括以下几方面：

一调身法：

●散盘的坐法：先将一条腿弯曲回来，小腿尽可能贴住身体，再将另一腿也弯曲回来，合在外侧。两腿尽量不交叉、不互相压迫，并排盘在一起。

●单盘的坐法：先将一腿弯曲回来，小腿尽可能贴住身体，将另一条腿抱起来压在第一条腿大腿根上。

●双盘的坐法：先将一条腿弯曲回来，压在另一腿大腿根上，再将另一条腿也弯曲回来，压在第一条腿的大腿根上，两脚脚心向上。

南怀瑾老师所讲的“七支坐法”：两腿调整好姿势坐好，即为第一支；两手手心向上，左手在下、右手在上，两虎口相交，即为第二支；坐在垫子上，腰部呈自然弯曲的状态，即为第三支；两肩保持平衡，即为第四支；颈部保持中正，下颌微收，两眼看向前方三米远的地面，即为第五支；舌贴上颚，嘴唇微开，即为第六支；两眼微微闭上，似闭微开，即为第七支。

二调呼吸：

保持自然呼吸，一呼一吸之间，数“息”，观察自己。

三调心法：

在保持身法规范、呼吸自然的情况下，试着接受身体出现的任何一个症状，比如流汗、流泪、打哈欠、流鼻涕，以及上肢、下肢出现的疼、痛、麻、痒、酸、胀等情况，尽量克服、尽量坚持。

《黄帝内经·上古天真论》① 有云：

提契天地，
把握阴阳，
呼吸精气，
独立守神，
肌肉若一。

意思是说：洞悉自然界的规律，掌握着天地阴阳变化的机理，能吐故纳新以调摄精气，超然独处以保持精神内守，使筋骨肌肉跟精神达到完好的统一。

附录 2：辅助练习

（一）九大部位放松功

视频链接：

九大部位包括：躯干——颈椎、胸椎、腰椎；上肢——肩关节、肘关节、腕关节；下肢——胯关节、膝关节、踝关节。九大部位放松功既是每次习练前热身、放松的必须，也可以作为日常的放松训练功法，多加练习，大有裨益。可参照视频进行演练。（图 386）

图 386

躯干部分身型身法

颈：身体保持自然站立的状态，注意力集中于颈部，依次向前低头、向后仰头、向左侧倒头、向右侧倒头；再分别沿顺时针、逆时针方向旋转颈部。放

① 摘自《全本黄帝内经》，云南教育出版社，2011 年 12 月第 2 版，第 22 页。

松的过程中注意要缓慢、柔和，不要用力过猛；尽量睁开眼睛做，避免头晕。

胸：身体保持自然站立的状态，注意力集中在胸部，初学者可以用手按胸口中心线的位置（左右胸中间的地方）。手向后推，胸也随之向后含胸；手放松，胸再向前挺；还可以水平方向向左、右两侧转动。慢慢熟练之后，不需要手部帮助也可完成胸部的放松。

腰：身体保持自然站立的状态，松腰向下坐胯、松胯。两臂左右打开与肩同高，腰向左右两侧转。转动的过程中，胯以下的部位尽可能保持松胯姿势不动。初学者可以借助凳子，坐在凳子上三分之一处，背部挺直，用凳子固定下肢，再进行练习。慢慢熟练之后，再离开凳子，用松胯站立的姿势进一步放松练习。腰有三种转法——平旋腰、立旋腰、混合旋腰。

上肢部分手型手法

肩：身体保持自然站立的状态，注意力集中于两肩。先做双肩的同步旋转，分为向前、向后的同步旋转。向前时，双肩同步以后—上—前—下的顺序画圆；向后时，双肩同步以前—上—后—下的顺序画圆。做双肩的不同步旋转，也分为向前、向后的不同步旋转。不同步向前时，右肩先动，左肩慢一拍跟随，以后—上—前—下的顺序画圆；反之亦然。

肘：身体保持自然站立的状态，两臂左右拉开与肩同高，掌心向上，以肘关节为原点，两小臂同时向内或向外旋转放松。注意，在肘部放松的过程中，大臂、手腕尽可能保持不动，最大限度放松肘部。

腕：身体保持自然站立的状态，两臂稍微提起离开身体，注意力集中在手腕，顺时针或逆时针旋转 360° 放松。

下肢部分步型步法

胯：身体保持自然站立的状态，两胯放松，注意力集中于胯部，左胯、右胯分别沿顺时针、逆时针方向旋转放松。

膝：膝关节微微弯曲，两脚打开略比肩宽，由里向外或由外向里旋转放松。

踝：身体保持自然站立的状态，右脚原地打开 45°，提起左脚微微离开地面，沿顺时针或逆时针旋转放松脚踝。再换左脚原地打开，提起右脚进行放松。

（二）拉伸训练

正压腿：

在并步站立的基础上，左脚原地向左侧打开 45°，提起右脚向正前方跨出半步，脚跟落地，双手交叉压在右腿膝盖上，身体向下压；左右互换。（图 387、图 388）

图 387

图 388

弓步压腿：

在并步站立的基础上，左脚原地向左侧打开 45°，提起右脚向前跨一大步做弓步状，右小腿与地面保持垂直，右大腿尽可能平行于地面，向下压腿。再向反方向转身进行左腿的压腿练习。（图 389、图 390）

图 389

图 390

仆步压腿：

在并步站立的基础上，提起左脚向正左侧跨一大步，落脚的同时脚尖向外打开 135°，向下屈膝坐胯，重心在左腿上。注意两脚都踩实在地面上，两手尽量向远处的脚拉伸；左右互换。（图 391、图 392）

图 391

图 392

前俯腰：

在并步站立的基础上，两脚并拢站立，两腿保持直立；两手在头顶上方十指交叉，掌心翻向上；由上向下拉伸，用力触碰地面；还可向左侧或右侧转腰拉伸。（图 393、图 394）

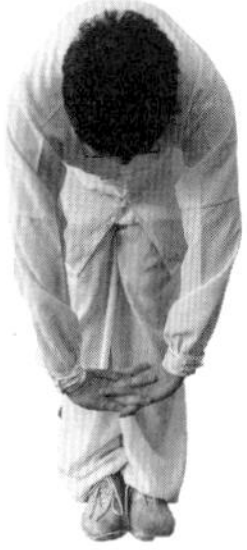

图 393

图 394

（三）协调训练

视频链接：协调训练可以作为课堂的辅助学习，日常也可以多加训练，提高肢体的协调性和柔韧性。可参照视频进行演练。（图 395）

图 395

左右交叉抡臂：

两臂向上举至头顶，两掌掌心侧相对，右臂由前向后逆时针转动抡臂，左臂由后向前顺时针转动抡臂，两臂前后协调训练。可以左右互换方向练习。

左右绕肩莲花端：

两臂在两侧平举，掌心向上，同时向里合，从大臂下方转至后侧，由外向里环弧伸展拧转一圈，回到两侧；整个过程两手始终保持手心向上。初学者可先单臂进行，亦可在手心上放东西辅助训练。

左右画“8”：

两臂放在腰胯两侧，右手向右侧先逆时针向前再顺时针向后环弧写“8”，左手向左侧先逆时针向后再顺时针向前环弧写“8”。注意两臂的协调配合。

附录3：少儿入门八式

视频链接：完整的练习视频可以用手机微信扫描二维码观看。（图396）

图396

第一式 预备起势

招式详解：

提起左脚向左侧打开，两脚平行开立；内旋两臂，向前、向上徐徐提起，与肩宽、与肩平，沉肩、坠肘、微微坐腕，由上向下按到两胯前。（图397）

图397

步型步法：

提起左脚向左侧打开，两脚平行开立，与肩同宽。

身型身法：

头部、上身保持中正，虚领顶劲，目视前方，自然呼吸，含胸拔背，松腰松胯。

手型手法：

两臂同时内旋，使手背朝前，向前、向上徐徐提起，与肩宽、与肩平，沉肩、坠肘、微微坐腕，由上向下收至两胯前。

定势动作：

以平行开立步自然站立；虚领顶劲、含胸拔背、松腰松胯；两臂自然垂放于身体两侧，肘尖微微外撑。

第二式 左右云手

接前式。

招式详解:

（1）重心右移，右臂向上外旋，环臂、掤臂，左臂外旋环至腹部前方。（图 398、图 399）

图 398

图 399

（2）重心左移，左臂上环，右臂下环；提起右脚向斜前方跨步，脚尖朝东南方向落脚。（图 400、图 401）

图 400

图 401

图 402

（3）重心右移，右臂上环至斜右侧与肩同高处坐掌，左臂下环至胸前掤臂。（图 402）

步型步法:

松腰松胯，重心右移，提起左脚向左侧横跨；重心左移，提起右脚向斜前方 45° 方向落脚，重心右移。

身型身法:

上身先向右转至东南方向，然后向左转至西南方向，再向右转转回正南方向，头部随身法转动。

手型手法：

右臂向上环臂掤起，再向右侧旋臂坐掌，左臂向上掤臂环臂；左臂向左侧走上弧环臂，右臂下环；右臂向上、向右环臂至右斜前方与肩同高处坐掌，左臂由下向上环臂掤至胸前。

定势动作：

开立步向正南，松胯下坐；上身、头部朝向正南方向；左手掤在上方，右手掤在腹部前方即为左云手；右手掤在上方，左手掤在腹部前方即为右云手。

第三式　单鞭

接前式。

招式详解：

右手做勾手、左手旋臂变掤；提起左脚向左侧跨，弓腿转腰，左臂内旋前击。（图 403～图 405）

图 403

图 404

图 405

步型步法：

提起左脚向左侧正前方上步，弓腿蹬撑。

身型身法：

弓腿的同时腰左转至东南方向。头部随身法转动。

手型手法：

右臂在右侧做勾手，左手掤在胸前；弓腿的同时左臂内旋前击。

定势动作：

左弓腿朝正东方向；胸、腰的方向在东南方向，头部朝正东方向；左臂在左肩前，掌心朝前击打，右手勾手在右胯正上方，略比肩高。

第四式 肘底锤

接前式。

招式详解：

重心前移，右脚向前垫半步，左臂外摆、下采，右臂随身法移动，松勾手变掌；重心后移，提起左脚原地变脚跟着地，左臂上托，右手随身法转动，握拳左击。（图 406～图 408）

图 406

图 407

图 408

步型步法：

重心前移，右脚向前、向左垫半步；重心后移，提起左脚原地变脚跟着地。

身型身法：

上身先向左转 45° 转至正前方（正东方向），再向右转转至右斜前方（东南方向）。

手型手法：

左手随腰下采，再向上托起，右手松勾手随身法平移，再握拳，拳面向左击打。

定势动作：

左虚步，左脚为脚跟着地；上身的方向在侧面（东南方向），头部朝向正前方；左臂在左肩前，掌心朝右，右手握拳在腹部前方，拳面朝左。

第五式 金鸡独立

接前式。

招式详解：

左腿直接外摆 45°，脚尖朝向东南方向；前移重心，顺势向正东方向

提起右腿；同时右拳松拳变掌，虎口朝上托起，左臂内旋下採。（图 409～图 411）

图 409

图 410

图 411

坐左腿，向后撤步落右腿，脚掌、脚跟依次落地，后移重心，顺势提起左脚，同时左臂上托，右臂下採。（图 412～图 414）

图 412

图 413

图 414

步型步法：

左脚直接外摆 45°，脚尖朝向东南方向；重心前移，顺势提起右脚，脚面绷直，小腿内扣；坐左腿，向右撤步落右腿，在中心线的右侧 45° 方向落脚，重心后移，顺势提起左脚，脚面绷直，小腿内扣。

身型身法：

上身从右斜前方向左转 90° 至左斜前方，再向右转 90° 至右斜前方。

手型手法：

左手内旋向下採按至左胯旁，掌心向下，指尖朝前；右手松拳变掌，由下向上提起，虎口朝上，掌心向左坐于胸前，上下肘膝相对。右手内旋向下採按至右胯旁，掌心向下，指尖朝前，左手由下向上提起，掌心向右坐于胸前，上下肘膝相对。

定势动作：

右金鸡独立：左支撑腿的脚尖朝向左斜前方（东北方向），右腿提膝向正前方（正东方向）；右手在右腿正上方，掌心朝左坐掌；左手掌心朝下按在左胯旁。

左金鸡独立：右支撑腿的脚尖朝向右斜前方（东南方向），左腿提膝向正前方（正东方向）；左手在左腿正上方，掌心朝右坐掌，右手掌心朝下按在右胯旁。

第六式　倒撵猴

接前式。

招式详解：

坐右腿，向后撤步落左腿；右臂向右后侧环臂坐掌，左臂外旋，掌心朝上；后移重心，腰带摆正前脚，击出右掌，收回左掌。（图 415～图 417）

图 415

图 416

图 417

步型步法：

松腰、松胯，坐右腿，向后撤步落左腿，脚掌、脚跟依次落地；重心后移，腰带右脚里扣 45° 摆正，全脚掌着地呈虚实步。

身型身法：

上身由右斜前方向左转至左斜前方，头部始终朝向正前方。

手型手法：

右臂外旋，向右后侧环臂坐掌，右臂里屈，左臂外旋，掌心向上；向前击出右掌，收回左掌至腰旁，掌心向上。

定势动作：

右虚步朝向正前方（正东方向），右脚为全脚掌着地；上身的方向在左斜前方（东北方向），头部朝向正前方；右手向正前方击掌，左手掌心朝上收在左胯旁。

第七式 斜飞式

接前式。

招式详解：

两臂旋臂、环臂倒手合，提起右脚向斜后侧跨出，弓腿转腰的同时两臂左右拉开。（图 418～图 420）

图 418

图 419

图 420

步型步法：

提起右脚，向斜后侧（西南方向）跨步，脚跟、脚掌依次落地，腰带弓腿蹬撑。

身型身法：

上身由左斜前方（东北方向）转至正南方向。

手型手法：

两臂旋臂、环臂倒手合，转腰弓腿的同时两臂左右拉开。

定势动作：

右弓腿朝向右斜前方（西南方向）；上身的方向在正前方（正南方向），眼看右手的方向；右手在右腿正上方，掌心朝上，左手按在左胯前。

第八式　收势还原

接前式。

招式详解：

重心后移，收回右脚变平行步；两臂从两侧旋臂、环臂合在肩前，由上向下慢慢按下来。（图 421～图 423）

图 421

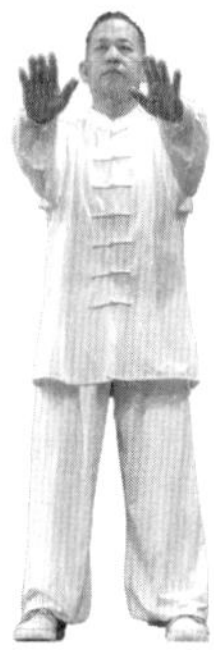

图 422

图 423

步型步法：

重心后移，收回右脚，两脚平行开立，与肩同宽。提起左脚收回，并步站立。

身型身法：

上身、头部朝向正前方。

手型手法：

提起左臂外旋，与右手同时从两侧环臂旋臂收至与肩平、与肩宽，掌心朝下，再向下收至两胯前。收脚的同时两臂合于身体两侧。

定势动作：

开立步平行直向前；头部、上身保持中正；两臂按在两胯前。

附录 4：入门十六式

视频链接：完整的练习视频可以用手机微信扫描二维码观看。（图 424）

图 424

第一式 预备起势

招式详解：

提起左脚向左侧打开，两脚平行开立；旋两臂，向前、向上徐徐提起，与肩宽、与肩平，沉肩、坠肘、微微坐腕，由上向下按到两胯前。（图 425）

图 425

步型步法：

提起左脚向左侧打开，两脚平行开立，与肩同宽。

身型身法：

头部、上身保持中正，虚领顶劲，两眼直视前方，自然呼吸，含胸拔背，松腰松胯。

手型手法：

两臂同时内旋，使手背朝前，向前、向上徐徐提起，与肩宽、与肩平，沉肩、坠肘、微微坐腕，由上向下收至两胯前。

定势动作：

平行开立步自然站立；虚领顶劲、含胸拔背、松腰松胯；两臂自然垂放于身体两侧，肘尖微微外撑。

第二式 左野马分鬃

招式详解：

重心略向左，腰带右脚里扣 45°，环起两臂；重心右移，提起左脚向左斜前方跨步；弓腿的同时，两臂左右拉开。（图 426～图 428）

图 426

图 427

图 428

步型步法：

（1）重心略向左，腰带右脚里扣 45°。

（2）重心右移，提起左脚向左侧斜前方跨步，脚跟、脚掌依次落地，弓腿蹬撑。

身型身法：

上身由正南方向转向东南方向，再向左转至正东方向。头部随身法转动。

手型手法：

（1）右臂由下向上环起，左臂外旋向右，合于右臂下方。

（2）两臂随弓腿左右拉开。

定势动作：

（1）左弓步在正东偏北的方向，右脚脚尖指向东南方向。

（2）上身朝向正东，眼看左手的方向。

（3）左手与左腿上下肘膝相对，掌心侧向上，右掌按在右胯前，指尖向前。

第三式　白鹤亮翅

接前式。

招式详解：

重心前移，右脚向前垫半步；重心后移，腰带两臂旋臂合；提起左脚原地变前脚掌着地，两臂上下拉开。（图 429～图 431）

图 429

图 430

图 431

步型步法：

（1）重心左移，提起右脚向前垫半步，落在两脚中心线的右侧，顺势打开 45°。

（2）重心右移，左脚原地变前脚掌落地。

身型身法：

上身、头部均朝向正东方向。

手型手法：

（1）左臂内旋、右臂外旋，两臂合于胸前。

（2）右臂由下向上旋臂翻滚上架，至头顶上方，掌心向前；左臂向下採按，收至左胯旁。

定势动作：

（1）左虚步朝向正东，左脚为前脚掌着地。

（2）上身、头部朝向正前方（正东）。

（3）右手在额头斜前方，掌心向前，左手在左胯旁，掌心向下，指尖朝前。

第四式 左搂膝拗步

接前式。

招式详解：

腰右转带右臂由上往下旋臂变掤，左臂由下向上提拉至胸前；腰继续右转，向右后侧环右臂坐掌，拦左臂。（图 432、图 433）

图 432

图 433

提起左脚向左侧斜前方跨步；转腰屈右臂，搂左臂；弓腿的同时击出右掌，收回左掌。（图 434、图 435）

图 434

图 435

步型步法：

提起左脚向左斜前方跨步，脚尖直向前，弓腿蹬撑。

身型身法：

从正东向斜右侧（东南方向）转腰，再转回正东方向。

手型手法：

（1）右臂由上向下旋臂变掤，左臂向上提拉。

（2）随腰向右后侧（西南方向）环右臂坐掌，左臂环上弧拦掌。

（3）右臂里屈，左臂搂开。

（4）右臂前击，左臂收至左膝旁。

定势动作：

（1）左弓腿向正东。

（2）上身、头部朝向正东方向。

（3）右臂向正前方击掌，左臂按在左膝旁。

第五式　手挥琵琶

接前式。

招式详解：

重心前移，右脚向前垫半步；重心后移，腰右转带右臂由前向后、向下採按，左臂同时由下向上提拉；两臂上下合，左脚原地变脚跟着地。（图436～图438）

图436

图437

图438

步型步法：

（1）重心前移，提起右脚向前、向左收半步。

（2）重心后移，提起左脚原地变脚跟着地呈虚实步。

身型身法：

由正东方向微微向左斜前方（正东偏北方向）转腰，再随重心向右斜前方（东南方向）转腰。头部朝向正前方。

手型手法：

右臂随腰微微外旋，再由前向后、向下採按，左臂同时由下向上提拉；两臂上下合。

定势动作：

（1）左虚步向正东，左脚为脚跟着地。

（2）上身朝向右斜前方（东南方向），头部朝向正东方向。

（3）左臂在左肩前，掌心向右，右手合在左臂内侧，右手指尖指向左小臂肘腕中心线。

第六式　高探马穿掌

接前式。

招式详解：

（1）提起左脚原地变前脚掌着地，腰左转，右臂以掌沿外侧前击，左臂外旋收回至左肋旁，掌心朝上。

（2）提起左脚向左侧斜前方跨步，弓腿的同时，腰右转，左臂由下向上经过右臂手掌上方穿出，掌心朝上，右臂收到左大臂下方，掌心朝下。（图439～图441）

图 439

图 440

图 441

步型步法：

（1）左脚原地变前脚掌着地，呈虚实步。

（2）提起左脚向左斜前方跨步，弓腿蹬撑。

身型身法：

上身由右前方（东南方向）先向左转至正东方向，再由正东方向向右转至东南方向。

手型手法：

（1）右掌以掌沿外侧前击，左臂收至左肋旁。

（2）弓腿的同时左臂经过右掌上方，斜向上穿出，掌心向上。右臂顺势收至左臂大臂下方。

定势动作：

（1）左弓腿朝向正东（正前方）。

（2）上身朝向东南方向（右斜前方），头部朝向正东方向。

（3）左手掌心向上、指尖朝前穿出，右手收至左手大臂下方，掌心向下，指尖向左。

第七式　右蹬腿

接前式。

招式详解：

（1）重心略向后，腰带左脚打开 45°，两臂前后拉开；重心前移，顺势提起右腿，两臂环下弧合十相搭。（图 442～图 444）

图 442

图 443

图 444

（2）勾起脚尖蹬出右腿，两臂左右分开；收回右腿。（图 445、图 446）

图 445

图 446

步型步法：

（1）重心略向后，腰带左脚打开 45°。

（2）重心前移，提起右腿，勾起脚尖向正前方蹬出，再把腿收回。

身型身法：

（1）上身由右侧正前方（东南方向）向左转至左侧正前方（东北方向）。

（2）头部朝向正前方（正东方向）。

手型手法：

（1）重心后移的时候右臂向正前方环臂，左臂向左斜后侧环臂，两臂与肩同高。

（2）提膝的同时两臂环下弧合十相搭于胸前。

（3）蹬腿的时候两臂左右旋臂拉开，右臂向正前方（正东方向），左臂向左斜后侧。

定势动作：

（1）独立步左脚脚尖朝向东北方向，右腿向正前方（正东方向）提膝。

（2）上身朝向东北方向，头部朝向正前方（正东方向）。

（3）右臂在右腿正上方朝向正东方向坐掌，左臂在左斜后侧坐掌，两臂与肩同高。

第八式　左右打虎

接前式。

招式详解：

坐左腿，落右腿；重心右移，提起左脚向左侧正前方（正北方向）跨步，左臂平环里屈。弓腿、转腰的同时两臂左领右随，左臂环至头顶上方握拳，拳面向右击出；右臂环至腹部前方握拳，拳面向左击出，两拳拳眼上下相对。（图 447～图 449）

图 447

图 448

图 449

重心后移，腰带左脚里扣 135°；重心左移，两臂松拳变掌合于左侧，提起右脚向右侧正前方（正南方向）跨出。弓腿、转腰的同时两臂右领左随，右臂环至头顶上方握拳，拳面向左击出；左臂环至腹部前方握拳，拳面向右击出，两拳拳眼上下相对。（图 450～图 452）

图 450

图 451

图 452

步型步法：

（1）松腰松胯坐左腿，落右腿，右脚与左脚同方向（东北方向），脚跟、脚掌依次落地；重心右移，向正北方上左脚，弓腿蹬撑。

（2）重心后移，腰带左脚里扣 135°，脚尖指向东南方向；重心左移，提起右脚向正南方迈出，弓腿蹬撑。

身型身法：

（1）上身由东北方向向左转至正北方向。

（2）腰由正北方向向右转 135°，转至东南方向；弓腿的同时继续右转，转至正南方向。

手型手法：

（1）左臂随腰平环里屈，掤于胸前，两臂成捋状合于右侧；弓腿转腰的同时左臂引、右臂随，两手环下弧握拳。左臂环至额头斜上方，拳眼向下，拳面向右击出；右臂环至腹部前方，拳眼向上，拳面向左击出。

（2）两臂松拳变掌，左手下按，右手上掤，两臂成捋状合于左侧。弓腿转腰的同时，右臂引、左臂随，两手环下弧握拳，右臂环至额头斜上方，拳眼向下，拳面向左击出；左臂环至腹部前方，拳眼向上，拳面向右击出。

定势动作：

（1）左打虎势：左弓腿向正北；上身、头部朝向正北方向。左拳在额头斜上方，拳眼向下；右拳在腹部前方，拳眼向上。

（2）右打虎势：右弓腿向正南；上身、头部朝向正南方向。右拳在额头斜上方，拳眼向下；左拳在腹部前方，拳眼向上。

第九式　揽雀尾

接前式。

招式详解：

重心前移，提起左脚向前横跨半步，右臂从右侧环下、左臂从左侧环上；重心左移，提起右脚向右侧上步，两臂合于左侧；弓腿的同时，两臂上下拉开成右掤。（图 453～图 455）

图 453

图 454

图 455

腰右转带两臂旋臂摆动至右侧斜前方，重心左移、腰左转，两臂平捋至左斜前方。腰微微右转，两臂旋臂、搭臂，弓腿的同时挤出去。腰右转，两臂分开，掌心朝下，重心后移，屈两臂、收两掌，弓腿的同时两臂推出去。

（图 456～图 458）

图 456

图 457

图 458

步型步法：

（1）重心继续前移，提起左脚向正前方跨步，在斜 45° 方向（脚尖朝向西南方向）落脚；提起右脚向右侧正前方（正西方向）跨步，弓腿蹬撑。

（2）腰右转的时候，重心保持不动；腰左转，重心后移至左腿。

（3）在保持右弓腿的基础上，重心由后向前弓腿蹬撑。

（4）在保持右弓腿的基础上，重心由前向后、再由后向前弓腿蹬撑移动。

身型身法：

（1）上身从正前方（正南）向右转至西南方向；头部随身法转动，朝向正西方向。

（2）上身由西南方向（左斜前方）向右转至西北方向（右斜前方），再转回西南方向（左斜前方）。

（3）腰微微右转，弓腿的同时向前。

（4）转正腰，腰随重心前后移动。

手型手法：

（1）右手松拳变掌从右侧向下环，左手松拳变掌从左侧向上环，两臂环至两侧与胸同高；右臂向左侧旋臂环臂合于左臂下方，两掌掌心侧相对；弓腿的同时两臂上下拉开，右手向上掤至胸前，左手向下採按。

（2）转腰的同时带动两臂旋臂，右臂内旋，左臂外旋至斜右侧，左手指尖指向右小臂肘腕中心线；重心左移，腰左转，两臂平移至左侧。

（3）腰带两臂旋，右臂外旋，左臂内旋，左掌掌心搭在右手小臂上（间隔手腕一拳的距离），向前挤按。

（4）随腰分开两臂，掌心向下；屈两臂，收回两掌坐于胸前，掌心侧向前；弓腿的同时向前推出。

定势动作：

（1）右掤：右弓腿朝向正西的方向；上身朝向西南方向，头部朝向正前方；右掌掤在胸前，右肘与右膝上下相对，左掌按在右手肘腕中心线下方一拳的位置，掌心向外。

（2）捋：右弓腿向正西；上身、头部朝向西南方向；左臂掤在胸前，上下肘膝相对，右手按掌，左手指尖指向右小臂肘腕中心线。

（3）挤：右弓腿向正西；上身朝向西南方向，头部朝向正西方向；右手掤在胸前，上下肘膝相对，左掌掌心搭在右手小臂上。

（4）按：右弓腿向正西；上身、头部朝向正西方向；两手掌心向前推出。

第十式 单鞭

接前式。

招式详解：

重心后移，两臂放平，腰左转带右脚里扣135°，左臂引、右臂随，上肢转到左后侧；重心右移，腰右转，摆正左脚，右臂引、左臂随，上肢转回右斜前方，右手做勾手，左手旋臂变掤。（图459～图462）

图459

图460

图461

提起左脚向左侧正前方跨步，弓腿转腰，旋臂击掌。（图463）

图 462

图 463

步型步法：

（1）重心左移，腰带右脚里扣 135°。

（2）重心右移，左脚以前脚掌为轴转正。

（3）提起左脚向正东方向（左侧正前方）跨步，脚跟、脚掌依次落地，向前弓腿蹬撑。

身型身法：

上身从正西方向沿逆时针转向东南方向，再向右转至正南，弓腿的同时向左转至东南方向。头部随身法转动，定势的时候面向正东方向。

手型手法：

（1）放平两臂，随腰由右向左，左臂引、右臂随，由正西方向转到正东偏北的方向。

（2）再随腰右转，右臂引、左臂随，转到正南偏西方向。

（3）右手五个指头聚拢在一起做勾吊手，左手外旋变掤，弓腿的同时左臂内旋前击。

定势动作：

（1）左弓腿向正东。

（2）上身朝向东南方向，头部朝向正东方向。

（3）左手在左肩前，向正东击掌；右手勾吊手在右胯正上方（西南方向），略比肩高。

第十一式　下势

接前式。

招式详解：

打开右脚，后移重心，屈左臂，屈膝下蹲，向前穿出左掌。（图 464、图 465）

图 464

图 465

步型步法：

右脚向外摆 90°，膝盖沿着右脚脚尖的方向向后移动重心，向下松胯屈蹲，成仆步。

身型身法：

上身朝向东南方向，头部朝向正东方向。

手型手法：

（1）左臂里屈，手腕向下垂吊，指尖朝前，掌心朝右，向前穿出。

（2）右手保持勾吊手的姿势和位置不变。

定势动作：

（1）仆步朝向正东，重心在右腿上，两脚全脚掌踏实在地面上。

（2）上身斜向右，头部朝向正前方。

（3）右手勾吊手在斜后侧，左手位于左腿内侧，掌心向右，指尖向前。

第十二式　金鸡独立

接前式。

招式详解：

前移重心，扣回右脚；重心稍向后，腰带左脚开，左臂随之外摆；前移重心，提起右腿成独立步，右手松开勾吊手，向上托起，左手向下按至左胯旁。（图 466、图 467）

图 466

图 467

坐左腿，向后撤步落右腿。后移重心，提起左腿，左臂上托，右臂下採。（图 468、图 469）

图 468

图 469

步型步法：

（1）重心前移，右脚里扣 90°，脚尖朝向东南方向；重心略向后，腰带左脚打开 45°（向东北方向）；重心前移，提起右腿成独立步。

（2）坐左腿，向后撤步落右腿；脚掌、脚跟依次落地后，后移重心，顺势提起左腿成独立步。

身型身法：

上身由东南方向向左转至东北方向，再由东北方向向右转至东南方向。

手型手法：

（1）左臂随腰向左侧外摆抓採；向前提膝的同时右手松勾手随身法向上托起，掌心朝左，左手随腰向下採按至左胯旁。

（2）提左膝的时候，左手向上托起，掌心朝右，右手随腰向下採按至右胯旁。

定势动作：

（1）右金鸡独立：左腿作为支撑腿向东北方向站立，右腿向正前方（正东）提起；上身在左斜前方，头部朝向正前方；右手坐于右腿上方，掌心向左，左手按在左胯旁。

（2）左金鸡独立：右腿作为支撑腿斜方向站立，左腿向正前方提起；上身在右斜前方，头部朝向正前方；左手坐于左腿上方，掌心向右，右手按在右胯旁。

第十三式　倒撵猴

接前式。

招式详解：

坐右腿，向后撤步落左腿；环右臂，旋左臂；右臂里屈；重心后移，腰带右脚里扣，击出右掌、收回左掌。（图 470、图 471）

图 470

图 471

提起右脚向后撤步；环左臂，旋右臂；左臂里屈；后移重心，腰带摆正前脚，击出左掌，收回右掌。（图 472、图 473）

图 472

图 473

提起左脚向后撤步；环右臂，旋左臂；右臂里屈；重心后移，腰带右脚里扣，击出右掌，收回左掌。（图 474、图 475）

图 474

图 475

步型步法：

（1）松腰、松胯，坐右腿，向后撤步落左腿，脚掌、脚跟依次落地；重心后移，腰带右脚里扣 45° 摆正，全脚掌着地呈虚实步。

（2）提起右脚向后撤步，在中心线右侧打开 45° 后落脚，脚掌、脚跟依次落地；后移重心，腰带左脚里扣 45° 摆正，全脚掌着地呈虚实步。

（3）提起左脚向后撤步，在中心线左侧打开 45° 后落脚，脚掌、脚跟依次落地；后移重心，腰带右脚里扣 45° 摆正，全脚掌着地呈虚实步。

身型身法：

（1）上身由东南方向（右斜前方）向左转至东北方向（左斜前方），头部始终朝向正前方。

（2）上身由东北方向向右转至东南方向；头部始终朝向正前方。

（3）上身由东南方向向左转至东北方向；头部始终朝向正前方。

手型手法：

（1）右臂外旋，向右后侧环臂坐掌；右臂里屈，左臂外旋，掌心向上；向前击出右掌，收回左掌至腰旁，掌心向上。

（2）环左臂，外旋右臂；屈左臂；击出左掌，收回右掌。

（3）环右臂，外旋左臂；屈右臂；击出右掌，收回左掌。

定势动作：

右倒撵猴：右虚步朝向正前方，右脚全脚掌着地；上身朝向左斜前方，头部朝向正前方；右手向正前方击掌，左掌掌心向上收在左胯旁。

左倒撵猴：左虚步朝向正前方，左脚全脚掌着地；上身朝向右斜前方，头部朝向正前方；左手向正前方击掌，右掌掌心向上收至右胯旁。

第十四式　进步搬拦捶

接前式。

招式详解：

重心左移，左臂环臂坐掌，右臂捋至腹部前方握拳；提起右脚向前上步，在中心线右侧打开 45° 后落脚，右拳仰腕搬，左臂里屈。（图 476、图 477）

图 476

图 477

重心前移，继续上左脚，击出左掌，右拳挎至腰间；弓腿、转腰，右拳前击，左掌收至胸前。（图 478、图 479）

图 478

图 479

步型步法：

（1）重心左移，右脚顺势收至左脚内侧。

（2）提起右脚向正前方跨半步，落在两脚中心线右侧的位置，顺势打开 45°。

（3）重心右移，提起左脚向正前方上步，弓腿蹬撑。

身型身法：

（1）上身由东北方向先向右转 90° 至东南方向，再向左转 45° 至正东方向。

（2）头部随身法转动。

手型手法:

（1）左手向左后侧环臂坐掌，右手从右肩正前方向下捋至腹部前方握拳，拳心朝下。

（2）左臂里屈，右拳向正前方斜向下搬出，拳背朝前。

（3）左臂向正前方击出，右拳收至右胯旁，拳心朝上。

（4）左臂里屈坐掌，掌心向右，右拳内旋，拳面向正前方击出。

定势动作:

（1）左弓腿朝向正东方向。

（2）上身、头部的方向均朝向正东方向。

（3）右拳拳面朝正前方击出，与胸同高；左掌坐于胸前，掌心向右。

第十五式　如封似闭

接前式。

招式详解:

腰微微左转，松右拳，外旋两臂，左臂合于右手大臂下方。腰右转，重心后移，两臂前后拉开。（图 480、图 481）

图 480

图 481

转正腰，两臂内旋坐掌合于胸前，弓腿的同时向前推按。（图 482、图 483）

图 482

图 483

步型步法：

先向后移重心，再向前弓腿蹬撑。

身型身法：

腰先微微左转至正东偏北，再右转至东南方向，再转回正东。

手型手法：

（1）右拳松拳变掌，两臂外旋，掌心向上，左掌合于右手大臂下方。

（2）两臂随腰前后拉开，右手指尖指向左小臂肘腕中心线。

（3）两臂再随腰内旋合于胸前坐掌，掌心向前。

（4）弓腿的同时两臂向前推出。

定势动作：

（1）左弓腿向正东。

（2）上身、头部朝向正东方向。

（3）两掌掌心向前推按。

第十六式　十字手收势

接前式。

招式详解：

重心后移，腰右转带左脚里扣 90°，右臂向右后侧拉开；重心左移，收回右脚变平行步，两臂从两侧环下弧合十相搭，掤于胸前。（图 484～图 486）

图 484

图 485

图 486

站起身，两臂分开与肩同宽，旋臂，掌心向下，由上向下按至胯前。（图 487、图 488）

图 487

图 488

步型步法：

（1）重心后移，腰带左脚里扣 90°；重心左移，提起右脚收回来变平行开立步。

（2）慢慢起身站直双腿。

身型身法：

（1）上身由正东方向转至正南方向，头部随身法转动。

（2）面南而立，保持中正，目视前方。

手型手法：

（1）两臂微微搭弧，右手随腰向斜后侧（西南方向）拉开；两臂从两侧环下弧合十相搭，掤于胸前，右臂在外、左臂在内。

（2）两臂左右分开，与肩同宽，内旋两臂，向下、向后收至两胯前，掌心向下，指尖向前。

定势动作：

（1）十字手：开立步向正南，松腰松胯向下坐；上身、头部朝向正前方；两臂双掤手合于胸前。

（2）收势：开立步自然站立；上身、头部保持中正；两臂按在两胯前。